भारत में न्यूज़ चैनलों, अख़बारों और पत्रिकाओं में आपको महिलाएँ एंकर, सम्पादक और पत्रकार के तौर पर नज़र आयेंगी। कई नामचीन मीडिया संस्थानों की बागडोर महिलाएँ ही सँभाल रही हैं। मैं इस किताब के माध्यम से पत्रकारिता में रुचि रखने वाली नयी पीढ़ी की महिला पत्रकारों से अपने विचार साझा करना चाहती हूँ। उन्हें यह जीवित उदाहरण देकर समझाना चाहती हूँ कि मीडिया केवल चकाचौंध से भरी सुन्दर दुनिया नहीं है, बल्कि इसमें सालों का अथक परिश्रम, मेहनत और लगातार बिना कोई समझौता किये काम करते चले जाना है। इस किताब को पढ़कर आपको ऐसी महिला पत्रकारों के विषय में जानने का मौक़ा मिलेगा, जो सालों से मीडिया के अलग–अलग पदों पर रहकर न केवल अपनी पत्रकारिता का परचम लहरा रही हैं बल्कि उन्होंने आने वाली महिला पत्रकारों के लिए रास्ते को और भी सुगम किया है।

मीडिया में महिलाओं की भूमिका

मीडियाकर्मियों की कहानी उनकी अपनी ज़ुबानी

संगीता अग्रवाल

वाणी प्रकाशन

वाणी प्रकाशन
4695, 21-ए, दरियागंज, नयी दिल्ली 110 002
फ़ोन : +91 11 23273167 फ़ैक्स : +91 11 23275710

शाखाएँ
अशोक राजपथ, पटना 800 004, बिहार
कॉफ़ी हाउस कैम्पस, महात्मा गांधी मार्ग, इलाहाबाद 211 001, उत्तर प्रदेश
महात्मा गांधी अन्तरराष्ट्रीय हिन्दी विश्वविद्यालय, वर्धा 442 001, महाराष्ट्र
सुल्तानिया रोड, मोतिया पार्क, भोपाल 462 001, मध्य प्रदेश

www.vaniprakashan.com
marketing@vaniprakashan.in
sales@vaniprakashan.in

MEDIA MEIN MAHILAON KI BHOOMIKA
by Sangita Aggarwal

ISBN : 978-93-5229-537-1
Interview

पेपरबैक प्रथम संस्करण 2021

मूल्य : ₹ 199

सिटी प्रेस, दिल्ली-110 095 में मुद्रित

वाणी प्रकाशन का लोगो मक़बूल फ़िदा हुसेन की कूची से

यह किताब मैं स्वर्गीय दादा जी, दादी माँ और अपनी माँ
को समर्पित करना चाहती हूँ।

स्वतन्त्रता सेनानी एवं पूर्व वित्त मन्त्री, भारत सरकार, दिवंगत श्री मधु
दंडवते (दादा जी)

स्वतन्त्रता सेनानी एवं समाज सुधारक दिवंगत प्रमिला दंडवते (दादी माँ)

स्वर्गीय सन्तोष अग्रवाल (मेरी माँ)

अनुक्रम

अंजना ओम कश्यप

मीडिया एक मिशन है और बिना ज्ञान के इस मिशन का कोई अर्थ नहीं। जी हाँ, यह कहना है राँची जैसे एक छोटे शहर से राजधानी दिल्ली में सफलता की बुलन्दी छूने वाली न्यूज़ एंकर अंजना ओम कश्यप का। अंजना एक ऐसा व्यक्तित्व हैं जो सामाजिक कार्यकर्ता से पत्रकार बनीं। अंजना का मानना है कि मीडिया एक ऐसा माध्यम है, जिससे आप लोगों की सोच को बदल सकते हैं। एक समाज सेविका से एक पत्रकार के अपने सफ़र के विषय में बताते हुए अंजना कहती हैं कि मुझे याद है कि मैंने एक सामाजिक कार्यकर्ता के रूप में समाज में फैली बुराइयों और समस्याओं को दूर करने का फ़ैसला लिया था, पर कई बार अपने को असहाय महसूस करती थी। ऐसा ही एक वाक़या है जब एक 5 साल की लड़की के साथ बलात्कार की घटना ने मुझे झकझोर कर रख दिया। हुआ यूँ कि उन दिनों मैं दिल्ली की पुनर्स्थापित सुन्दरनगरी कालोनी में एक सामाजिक कार्यकर्ता के रूप में काम करती थी। जब यह घटना मेरे सामने आयी, आप यक़ीन नहीं मानेंगे कि उस बच्ची के साथ दरिन्दों ने इतनी बेरहमी की थी, कि उसका बचना मुश्किल था। इस घटना को लेकर जब मैंने उस बच्ची के घर जाकर उसके माता–पिता की मदद करनी चाही, तो उन्होंने न केवल मदद लेने से इनकार कर दिया, बल्कि उन्हें अपनी बेटी की जान से ज़्यादा लोक–लाज की चिन्ता थी। मेरा मन मुझे अन्दर–ही–अन्दर कचोट रहा था कि आख़िर समाज में ऐसी धारणा क्यों है कि ऐसा काम करने वाले लोग दोषी नहीं होते बल्कि

जिसके साथ ऐसा जघन्य अपराध हुआ होता है, वो ही हर ग़म और सामाजिक तिरस्कार को झेलता है। बच्ची के माता–पिता के लाख इनकार के बावजूद मैंने वहाँ पत्रकारों को बुलाया और कई कार्यक्रम आयोजित करके महिला अधिकारों और बलात्कार के दोषियों के ख़िलाफ़ लड़ने की एक पहल पर काम किया। आपको जानकर हैरानी होगी, इस दौरान जब मैं पत्रकारों से मुख़ातिब हुई, तब मुझे इस बात का एहसास हुआ कि पत्रकारिता एक ऐसा माध्यम है, जिससे आप लोगों की सोच को बदल सकते हैं। मेरे मन ने मानो अब यह ठान लिया था कि मैं एक टेलीविज़न पत्रकार बनकर समाज और महिला हक़ के लिए लडूँगी।

अपने पत्रकारिता के जीवन की शुरुआत मैंने नलिनी सिंह के साथ 'आँखों देखी' से की। उसके बाद मुझे ज़ी न्यूज़ में साक्षात्कार देने का मौक़ा मिला। मेरा साक्षात्कार टेलीविज़न की नामी हस्ती अलका सक्सेना ने लिया। शायद ये मेरी ख़ुशक़िस्मती है कि उन्होंने साक्षात्कार के दौरान ही मेरे करियर प्रोफ़ाइल पर एंकर एवं रिपोर्टर लिख दिया। इस तरह मुझे ज़ी न्यूज़ में एंकरिंग और रिपोर्टिंग करने का मौक़ा मिला और एक पत्रकार के रूप में मेरे जीवन की शुरुआत हुई।

मेरे ये पूछे जाने पर कि ज़ी न्यूज़ एक छोटी–सी घटना पर लगातार कई दिनों तक ख़बरें दिखाता रहता है, जो शायद देश या दुनिया के सरोकार की भी नहीं है, अंजना जी का कहना था कि जहाँ तक मेरी बात है, तो मैंने जहाँ राजनीतिक और सामाजिक विषयों पर रिपोर्टिंग और एंकरिंग की है, वहीं अगर आप ये दोष लगाते हैं, कि किसी बोरवेल में फँसे बच्चे को दिखाना ग़लत है, तो आपको मालूम होना चाहिए कि टेलीविज़न के दर्शक प्रिंस और गुड़िया में अपने बच्चे को देख रहे थे, जो किसी की लापरवाही का शिकार होने से ज़िन्दगी और मौत के बीच झूल रहे थे। मेरा मानना है कि छोटी–छोटी ख़बरें आज जो निजी न्यूज़ चैनल पर कई दिनों तक दिखायी जाती हैं, वो इसलिए क्योंकि उन्हें देखने की दर्शकों में दिलचस्पी होती है।

मेरे अभी तक के करियर में 16 दिसम्बर 2012 की घटना ने मुझे झकझोर कर रख दिया था। हाँ, मुझे यह कहते हुए कोई गुरेज़ नहीं कि अगर कोई नाबालिग भी ऐसा जघन्य अपराध करता है तो ऐसे दोषियों को मौत की सज़ा होनी चाहिए। आप से इस घटना से जुड़ी एक बात

शेयर करना चाहती हूँ, हुआ यूँ कि 16 दिसम्बर की घटना के बाद जब उस बहादुर लड़की को सफ़दरजंग अस्पताल में दाख़िल कराया गया, तो मैं वहाँ रिपोर्टिंग कर रही थी। रात के क़रीब 11 बज रहे होंगे, आप यक़ीन नहीं मानेंगे, गाड़ी में तीन–चार लड़के आये और मुझसे बदतमीज़ी करने लगे। इससे आप अन्दाज़ा लगा सकते हैं कि जब ऐसा काम करने वालों को मीडिया तक का डर नहीं, तो एक आम लड़की के साथ कोई भी घटिया हरकत करने में उन्हें क्या डर होगा?

आज मीडिया में पुरुषों की अपनी महिला सहकर्मियों के प्रति सोच में काफ़ी बदलाव आ गया है। महिलाओं ने अपनी मेहनत और ज्ञान के दम पर पुरुषों से बराबरी में अपनी जगह बना ली है। एंकरिंग में अगर अभी तक के मेरे कुछ ख़ास अनुभवों की बात करूँ तो 'आज तक' में लोकपाल विधेयक पास होने के बाद चर्चा के दौरान सत्यव्रत चतुर्वेदी मज़बूत लोकपाल बनाने के एक प्रश्न पर नाराज़ होकर शो बीच में छोड़कर चले गये थे, पर एक एंकर होने के नाते आपको शो को आगे लेकर जाना है और अपना काम पूरा करना है।

'स्टार न्यूज़' में जब मैं एंकरिंग करती थी, उन दिनों एक शो के दौरान वार्ता में विनोद कांबली ने यह खुलासा किया था कि 1996 का विश्वकप क्रिकेट फ़िक्स था। बाद में सभी न्यूज़ चैनल्स ने मेरे प्रश्न के साथ कांबली के उत्तर को दिखाया।

गुजरात विधानसभा चुनाव 2012 के दौरान जब वहाँ कवरेज के लिए गयी, तो मैंने पाया कि कैसे चमकते गुजरात में गोधरा पीछे छूट गया है।

अगर आप निजी न्यूज़ चैनल पर 'सास–बहू और साज़िश' जैसे कार्यक्रम दिखाये जाने की बात कर रहे हैं, तो आपको बता दूँ कि कोई भी कार्यक्रम बिना दर्शकों की टीआरपी या फिर सरल शब्दों में कहें तो बिना पसन्द के नहीं दिखाया जाता। हाँ इतना ज़रूर है कि मैं यह क़तई नहीं मानती कि ऐसा शो केवल महिला एंकरों को करना चाहिए। मेरा यह कहना है कि शिफ्ट में जो भी एंकर है फिर चाहे वो महिला हो या पुरुष दोनों को ऐसे शो करने होंगे। केवल महिलाओं पर थोपना ग़लत है।

सन्देश

मीडिया में आने वाले नये पत्रकारों के लिए मेरा सन्देश है कि नये शब्द जानने और सीखने के साथ–साथ अगर आप में पढ़ने और सोचने की आदत और समाज और देश के प्रति जवाबदेही नहीं है तो आप इस प्रोफ़ेशन में आने के बिल्कुल लायक नहीं हैं।

अनन्या दास गुप्ता

"टीवी एंकर को देखते ही पत्रकारिता के क्षेत्र में आने वाला हर कोई सोचता है कि काश हम भी ऐसे बन पाते और अपनी एक अलग पहचान बना पाते। वैसे टीवी एंकर बनना न तो आसान काम है और न ही मुश्किल काम, बस ज़रूरत है थोड़ी–सी मेहनत की। टीवी एंकर में वे सब गुण होने चाहिए जिनके चलते वह एक अच्छा टीवी एंकर बन सकता है।" यह कहना है अनन्या दास गुप्ता का।

अनन्या दास गुप्ता इंग्लिश टेलीविज़न एंकरिंग में एक ऐसा नाम हैं जो डीडी न्यूज़, सीएनएन–आईबीएन का पड़ाव तय करने के बाद अबज़ी नेटवर्क के WION चैनल में सम्पादक के पद पर कार्य कर रही हैं। अपने पत्रकारिता के सफ़र के विषय में बताते हुए अनन्या जी कहती हैं कि मैंने इंग्लिश ऑनर्स में कॉलेज की पढ़ाई की। मेरे पिता पेशे से एक इंजीनियर थे, पर उन्होंने अपने शौक़ के लिए पत्रकारिता की भी डिग्री ली थी। इस तरह हमारे घर में कोई पत्रकार नहीं था, लेकिन फिर भी ख़बरों पर विस्तार से चर्चा होती थी। मैं भी स्कूल और कॉलेज के दिनों से ही शौक़िया लिखती थी। पत्रकारिता की पढ़ाई मैंने चेन्नई के 'एशियन कॉलेज ऑफ़ जर्नलिज़्म' से की। इस कॉलेज की ख़ास बात यह थी कि यहाँ पत्रकारिता के छात्रों के किताबी ज्ञान के बजाय प्रैक्टिकल ज्ञान पर ज़्यादा ध्यान दिया जाता था। उदाहरण के लिए, हमें यहाँ हर काम करने को दिया जाता था जैसे 'एक दिन रिपोर्टर, एक दिन एंकर, एक दिन पीसीआर एंड प्रोड्यूसर, एक दिन फ्लोर मैनेजर इत्यादि।' इसका फ़ायदा

हमें यह हुआ कि हमें हर काम की ज़िम्मेदारी और उसे कार्यक्षेत्र में करने का अनुभव मिला, जो मुझे लगता है कि आज भी मेरे काम आ रहा है।

'एशियन कॉलेज ऑफ़ जर्नलिज़्म' से पढ़ाई के बाद हमें कॉलेज 'प्लेसमेंट' में ही बैंगलूरु के एक प्रोडक्शन हाउस में काम करने का मौक़ा मिला। जहाँ हमें 'साउथ फ़ाइल' नाम के एक कार्यक्रम को करने का मौक़ा मिला। यह कार्यक्रम दूरदर्शन पर प्रसारित होता था। इसके बाद साल 2002 में दिल्ली दूरदर्शन में पत्रकारों के लिए अख़बारों में विज्ञापन छपा, जिसमें मैंने भी आवेदन भर दिया। आवेदन के बाद मैंने लिखित परीक्षा और साक्षात्कार दिया, जिसमें देश भर से केवल 21 लोग सफल हुए, जिनमें से मैं भी एक थी।

अभी मुझे इस प्रोफ़ेशन में आये केवल एक साल ही हुआ था, पर मुझे राजनीतिक और सभी बड़े असाइनमेंट्स करने का अवसर मिला। फिर चाहे वो गृहमन्त्री के साथ नार्थ–ईस्ट में हुए बम धमाके की कवरेज हो या कांग्रेस का सम्मेलन। साथ ही साल 2004 में मुझे रक्षामन्त्री प्रणब मुखर्जी के साथ दौरा करने का अवसर मिला। पत्रकारिता में अपने बेहतर प्रदर्शन के लिए मुझे साल 2005 में 'शेवनिंग स्कॉलरशिप' से नवाज़ा गया। यहाँ मैं यह कहना चाहती हूँ कि न्यूज़ में आपको 24 घण्टे और 7 दिन एलर्ट रहना है। आप ऐसा नहीं कर सकते कि आप ऑफ़िस से निकले और आपका काम ख़त्म। आपको ख़बरों की दुनिया से जुड़े रहना है, आपको पता रहना चाहिए कि देश–दुनिया में क्या हो रहा है, यह नहीं होना चाहिए कि कोई बड़ी ख़बर हो गयी और आपको पता ही नहीं। मेरे करियर की शुरुआत में इंटरनेट इतना प्रभावशाली नहीं था। इसलिए हम अपने काम में 'परिपक्वता' लाने के लिए वरिष्ठ पत्रकारों, किताबों और अख़बारों से जानकारी लेते थे।

मुझे लगता है कि मैंने अपने ज्ञान और दक्षता के बल पर दर्शकों का मन जीता है। टेलीविज़न की दुनिया में जब आप कैमरे के सामने आते हैं, तो आप केवल यह न समझें कि सुन्दर दिखने से आप दर्शकों का मन जीत सकते हैं। अगर आप ऐसा सोचते हैं तो आप भ्रम में हैं, मुझे लगता है कि एंकर किसी भी न्यूज़ चैनल का फेस होता है, एंकर पर यह ज़िम्मेदारी होती है कि उसे तथ्यों का ज्ञान हो और अपना काम वो तकनीकी जानकारी के आधार पर करें। उसको ओ.बी. वैन की सम्भावनाओं–सीमाओं की पूरी तौर पर जानकारी होनी चाहिए।

आपको कैमरे से जुड़े पहलुओं की जानकारी होनी चाहिए। साउंड की जानकारी होनी चाहिए, लाइट की जानकारी होनी चाहिए। गम्भीर पत्रकारिता के लिए आपके अन्दर इन गुणों का होना ज़रूरी है। टेलीविज़न में प्रसारित ख़बरों में आजकल ब्रेकिंग न्यूज़ की अधिकता बहुत बढ़ गयी है। ऐसे में एक न्यूज़ एंकर की ज़िम्मेदारी बहुत बढ़ गयी है, ब्रेकिंग के नाम पर आ रही आधी–अधूरी ख़बरों को दर्शकों तक पहुँचाने के लिए एंकर में ज्ञान के साथ–साथ स्थिति को सँभालने की क़ाबिलियत भी होनी चाहिए। अपने काम को बेहतर तरीके से करने के लिए मुझे सीएनएन–आईबीएन में 'ब्रेकिंग न्यूज़ एंकर' के नाम से सम्मानित किया गया। मुझे याद है जब एक बार मैं सीएनएन–आईबीएन में एंकरिंग कर रही थी और मेरे बॉस वरिष्ठ पत्रकार राजदीप सरदेसाई थे। उस समय एक ब्रेकिंग न्यूज़ आयी कि सचिन तेंदुलकर ने सुनील गावस्कर के टेस्ट मैचों में शतक के रिकॉर्ड को तोड़ा है। बुलेटिन में सुनील गावस्कर लाइन पर थे और मुझे उनसे सचिन द्वारा उनके रिकॉर्ड को तोड़े जाने पर सवाल करना था। यहाँ मैं यह ज़रूर बताना चाहूँगी कि चाहे आप किसी विषय पर तथ्यों की जानकारी न रखते हों और एक एंकर के तौर पर अचानक आपके सामने उससे जुड़ी चुनौती आ जाये, ऐसे में आप बिना किसी हड़बड़ाहट के शान्ति से ब्रेकिंग न्यूज़ को सँभालिए, ऐसा ही कुछ मेरे साथ हुआ और मेरे सवाल से सुनील गावस्कर के साथ–साथ मेरे बॉस राजदीप सरदेसाई भी बहुत प्रभावित हुए।

आज ब्रेकिंग न्यूज़ का चलन हद से ज़्यादा बढ़ गया है और इसके कारण फ़ेक यानी झूठी ख़बरें भी न्यूज़ चैनलों के लिए एक समस्या बन गयी हैं। सबसे ज़्यादा फ़ेक न्यूज़ इंटरनेट और व्हॉट्सएप से आती हैं। न्यूज़ में पहले प्रसारित करने के चक्कर में केवल ख़बर देखते ही उसे बिना जाँचे, आगे फॉरवर्ड करने का चलन बहुत बढ़ गया है। ऐसे में हम सबकी नैतिक ज़िम्मेदारी बनती है कि बिना ख़बर के सूत्र और तथ्यों की जानकारी के उसे प्रसारित न करें। टेलीविज़न पत्रकारिता में अपने अनुभव से मैं यह कह सकती हूँ कि अपने काम को एक मिशन और उत्साह के साथ करें, तो आपको सफलता ज़रूर मिलेगी।

अनुराधा प्रसाद

"ज्ञान, मेहनत और टीम स्पिरिट से ही आप पत्रकारिता में पा सकते हैं बड़ा मुकाम" यह कहना है अनुराधा प्रसाद का, जो 'न्यूज़ 24' की एडिटर–इन–चीफ़ हैं। साथ ही देश की पहली ऐसी महिला पत्रकार, जो न केवल एक सफल पत्रकार हैं बल्कि कई चैनलों की मालकिन और न्यूज़ टीवी से लेकर रेडियो, टेलीवुड और बॉलीवुड तक में अपनी सफलता का परचम लहरा चुकी हैं। अनुराधा जी से मिलकर मुझे इस बात का और ज़्यादा एहसास हुआ कि कोई जितना ज्ञानी, मेहनती और सफल होता है, वो उतनी ही सादगी और सौम्यता ख़ुद में समाये होता है।

अनुराधा जी अपनी पत्रकारिता के सफ़र के बारे में बताती हैं कि बिहार के पटना में एक सम्भ्रान्त कायस्थ परिवार में मेरा जन्म हुआ। मेरे पिता जी ठाकुर प्रसाद पटना हाईकोर्ट के जाने–माने वकील और इसके अलावा जनसंघ के संस्थापक सदस्यों में से एक थे। उस समय देश में जयप्रकाश नारायण आन्दोलन चल रहा था, इसलिए घर में बड़े नेताओं का आना–जाना बहुत रहता था। अपने तीन भाइयों की मैं छोटी बहन थी, इसलिए घर में हमेशा से सबकी लाडली रही। मेरे नाना जी मुझे हमेशा अंग्रेज़ी का अख़बार पढ़ने को कहते और नानी 'धर्मयुग'। ये बात अलग है कि दोनों ही से एक बालक मन पर ज़्यादा प्रभाव पड़ रहा था, सब कुछ मानो सिर के ऊपर से चला जाता था, पर घर में नियम था, तो इसलिए रोज़ाना पढ़ना ज़रूरी था। इसलिए किताबों के बाद अब मुझे अधिक से अधिक अख़बार पढ़ने को कहा गया। मैं जहाँ अंग्रेज़ी में 'इंडियन नेशन,'

'सर्चलाइट' तो वहीं हिन्दी में 'प्रदीप,' 'आर्यावर्त' अख़बार जो बनारस से आता था, पढ़ने लगी। स्कूल से आने के बाद इन अख़बारों को पढ़ने की मुझे आदत पड़ गयी। इन सबका फ़ायदा स्कूल के दिनों से मुझे मिला। मैं अपने साथ के अन्य बच्चों से सामान्य ज्ञान में बहुत आगे हो गयी और देश–विदेश का ज्ञान मुझे कम उम्र में ही होने लगा था। कम उम्र में ही 'संडे' और 'रविवार' पत्रिका के साथ–साथ 'टाइम्स ऑफ इंडिया' पढ़ने लगी, इसका एक और प्रभाव ये हुआ कि उस समय के बड़े पत्रकार एम.जे. अकबर और दूरदर्शन के एस.पी. सिंह का नाम जानने लगी थी।

स्कूली शिक्षा पटना के वीमेंस कॉलेज से करने के बाद आगे की पढ़ाई के लिए मैं अपने बड़े भाई रविशंकर प्रसाद के साथ दिल्ली चली आयी। ग्रेजुएशन के लिए दिल्ली के किरोड़ीमल कॉलेज में राजनीति विज्ञान में दाख़िला ले लिया। पढ़ाई के लिए पीज़ी वीमेंस हॉस्टल में रहती थी, वहाँ मुझे अपनी वरिष्ठ महिला साथी से काफ़ी प्रेरणा मिली जो असम के जोरहाट जैसे पिछड़े इलाक़े से आती थीं और उनके घर की आर्थिक स्थिति भी अच्छी नहीं थी। इन सब के बावजूद वो भौतिक विज्ञान में छात्रवृत्ति से पीएच.डी. कर रही थीं। तब मुझे इस बात का एहसास हुआ कि मुझे ईश्वर ने एक सम्पन्न परिवार में जन्म दिया है और घर में सब प्यार दुलार के साथ पढ़ाई के लिए प्रेरित करते रहते हैं, जबकि ये महिलाएँ कितने अभावों में रहकर भी बिना किसी सहायता के उच्च शिक्षा के लिए संघर्ष कर रही हैं। तब मन–ही–मन यह निश्चय कर लिया कि मेरे परिवार और ईश्वर ने जो सुविधाएँ मुझे दी हैं, उन्हें मैं बेकार नहीं जाने दूँगी और समाज में कुछ हटकर करके दिखाऊँगी।

ख़ैर, अब मेरी ग्रेजुएशन की पढ़ाई पूरी हो चुकी थी और मैंने दिल्ली विश्वविद्यालय में ही राजनीति विज्ञान में एम.फिल. में प्रवेश ले लिया। उधर घर से शादी का प्रैशर बहुत बढ़ गया था, जिसको टालने के लिए मुझे लगा कि अगर में पढ़ाई के साथ–साथ आर्थिक रूप से आत्मनिर्भर हो जाऊँ, तो किसी के ऊपर आश्रित नहीं रहना पड़ेगा। और फिर क्या था, कहते हैं– ना जहाँ चाह वहाँ राह, तो बस मुझे भी पीटीआई जैसे प्रतिष्ठित न्यूज़ संस्थान में शोधकर्ता के पद पर नौकरी मिल गयी। यहाँ शशि कुमार मेरे बॉस थे, जो दूरदर्शन से आये थे, इसके अलावा वीरा राघवन, निशान्त अहमद जैसे पत्रकारों के साथ काम करने का मौक़ा मिला। यहीं पर मेरी मुलाक़ात राजीव शुक्ला से हुई, जो यहाँ राजनीतिक रिपोर्टर थे,

उनके विचारों और स्वभाव ने मुझे इतना प्रभावित किया कि हम दोनों परिवार की रज़ामन्दी से परिणय–सूत्र में बँध गये।

उस समय शशि कुमार दूरदर्शन के लिए मनी मैटर्स कार्यक्रम करते थे। उस कार्यक्रम में लेखन, सम्पादन यानी कैमरे के पीछे के सारे काम मुझे करने का मौक़ा मिला।

साल 1990 में मेरे पत्रकारिता के जीवन में एक नया मोड़ आया और मैंने 'ऑब्ज़र्वर न्यूज़ चैनल' में काम करना शुरू कर दिया। यहाँ काम करते हुए ही मुझे पहली बार संसद कवर करने का मौक़ा मिला। हुआ यूँ कि उस समय बड़े–बड़े और वज़न में काफ़ी भारी कैमरे (क़रीब 15 किलो का), वज़नी साउंड रिकॉर्डर और भारी–भारी केबल तार लेकर किसी भी कवरेज पर जाना पड़ता था। मैंने काम करते हुए कभी कुछ नहीं सोचा बस अपनी पूरी मेहनत और ज्ञान से जो भी परिस्थिति या काम सामने आया, बस कर दिया। बस फिर क्या था मैं अपनी टीम के साथ पहुँच गयी संसद कवर करने। जींस, छोटे बाल और स्पोर्ट्स शूज़ पहने एक लड़की अपनी पहली संसद कवरेज के लिए तैयार थी। उस समय संसद में दाख़िल होना इतना कठिन नहीं था, जितना कि आज है। ये बात उस समय की है जब वी.पी. सिंह, चन्द्रशेखर, सत्तारूढ़ पार्टी में थे और कांग्रेसी नेता राजीव गाँधी विपक्ष में थे। मैंने जहाँ से नेतागण संसद से बाहर आते थे वहाँ अपनी टीम के साथ पूरा कैमरा इत्यादि सैट कर लिया, पर मुझे क्या पता था कि मुझे देखते ही वहाँ गॉसिप शुरू हो जायेगी, एक वरिष्ठ कैमरामैन ने पान चबाते हुए बड़े ही गन्दे अन्दाज़ में कहा, कहाँ–कहाँ से आ गयी बलकट्टी?

और बड़े ही गन्दे शब्दों का प्रयोग करते हुए कहा कि अगर अपनी इज़्ज़त बचानी है, तो यहाँ मत आना।

इतने में जैसे ही राजीव गाँधी बाहर आये और मैं उनसे कैमरा पर कुछ सवाल पूछने को हुई, तो उन वरिष्ठ कैमरामैन ने मुझे धक्का दे दिया और मैं सीढ़ियों से गिर गयी और सब कुछ अस्त–व्यस्त हो गया। सच मानो तो एकदम से मेरा सारा मनोबल टूट गया और एक क्षण के लिए मुझे लगा कि मैं कभी संसद कवर नहीं कर पाऊँगी। इस घटना को जब मैंने अपने पति राजीव के साथ शेयर किया, तो उन्होंने मुझे पत्रकारिता में ऐसे लोगों के लिए एक मूलमन्त्र दिया कि ऐसे लोगों का केवल एक ही इलाज है–'जस्ट इग्नोर दैम और केवल और केवल अपने काम पर ध्यान

दो।' तीन–चार दिन लगे मुझे इस घटना से उबरने में, फिर क्या था, मैं एक बार फिर अपनी पूरी ताक़त के साथ संसद कवर करने पहुँची और सारे काम को क्रमबद्ध तरीक़े से करने की योजना बनायी। मैंने राजीव जी के ड्राइवर से पूछा कि वो किस गेट से बाहर आयेंगे। मिली जानकारी के अनुसार मैंने अपना कैमरा गेट नम्बर 9 पर लगा दिया और अपनी टीम को भी मुस्तैद रहने को कहा। जैसे ही राजीव जी बाहर निकले मैंने उन्हें रोककर प्रश्नों की बौछार शुरू कर दी...यहाँ मैं एक बात कहना चाहूँगी राजीव जी एक बहुत ही संवेदनशील और सौम्य व्यक्तित्व के नेता थे। जब उन्होंने देखा कि एक कम उम्र की महिला पत्रकार मुझसे कुछ पूछना चाहती है तो वो रुके और शान्ति से मेरे सवालों का जवाब दिया। फिर क्या था, मेरा ऐसा काम देखकर कल तक मुझ पर हँसने वाले सारे कैमरामैन और अन्य पुरुष पत्रकार "सब सीता राम हो गये"।

उसी समय वी.पी. सिंह की सरकार गिर गयी और मीडिया में यह सवाल उठ रहा था कि नयी सरकार किसकी बनेगी? सभी जानते हैं कि चौधरी देवी लाल ने उनकी सरकार गिरवायी थी, और सभी की निगाहें उन पर थीं कि अब अगला प्रधानमन्त्री वो किसे बनाना चाहते हैं? इस राजनीतिक घटनाक्रम के बीच मैं रोज़ बिना कुछ खाये–पिये चौधरी देवी लाल के घर पहुँच जाती, कि सर कुछ तो बताइए? हरियाणवी में वो कहते ये छोरी मुझे कुछ खान ना दे...आख़िर मैंने उनसे निकलवा ही लिया कि वो चन्द्रशेखर की सरकार बनवा रहे थे। मेरी इस रिपोर्टिंग और इस राजनीतिक घटनाक्रम को उस समय के प्रसिद्ध अंग्रेज़ी अख़बार 'इंडियन एक्सप्रेस' ने बड़े ही अनोखे अन्दाज़ में छापा कि 'आख़िर कौन है वो लड़की जो चौधरी देवी लाल को खान ना दे।' जहाँ तक ब्रेकिंग की बात है तो मैंने चन्द्रशेखर जी से बातों–बातों में निकलवा लिया था कि अगले प्रधानमन्त्री वो बनेंगे। उस कम उम्र में ही मुझे राजनीतिक रिपोर्टिंग में वो मुक़ाम मिला, जो बड़े–बड़े पत्रकारों के लिए बहुत कठिन बात थी। ऐसा मैं इसलिए कर पायी क्योंकि मैंने बचपन से सभी विषयों पर विस्तार से पढ़ा था। इसलिए मुझे राजनीतिक रिपोर्टिंग करते हुए कोई परेशानी नहीं आयी। इस चैनल में मेरे बॉस विनोद दुआ जैसे पत्रकार थे, जिनसे मैंने बहुत कुछ सीखा है।

साल 1991 में राजीव गाँधी की चुनावी रैली को कवर करने का मौक़ा मिला। उस समय पत्रकारों की बहुत इज़्ज़त थी और महिला

पत्रकार न के बराबर थीं, पर जो थीं उन्हें बहुत सम्मान दिया जाता था। मेरे पति राजीव शुक्ला, राजीव गाँधी के साथ उनके विशेष विमान में गये थे, जब मैं उन्हें रैली कवर करने के दौरान मिली, तो राजीव गाँधी ने कहा कि अनुराधा तुम मेरे साथ आओ। इस बात से मैं यहाँ यह कहना चाहती हूँ कि राजीव गाँधी महिलाओं को बहुत सम्मान देते थे और अपने मीडिया के साथियों का बहुत ध्यान रखते थे। यहाँ मुझे सबसे दिलचस्प बात यह लगी कि जब हम रात को क़रीब 3 बजे कानपुर मैदान पहुँचे, तो वहाँ लोगों का हुजूम राजीव गाँधी के आने का इन्तज़ार कर रहा था। ख़ैर, कुछ दिनों बाद राजीव गाँधी जी की हत्या हो गयी और उस समय के कांग्रेस अध्यक्ष नरसिम्हा राव को प्रधानमन्त्री पद के लिए चुन लिया गया।

इधर मीडिया में भी बड़े बदलाव हो रहे थे। और 'ऑब्ज़र्वर न्यूज़ चैनल' बन्द हो गया। कुछ दिन मैं चुप बैठी, लेकिन एक पत्रकार का ख़ाली घर बैठना आप समझ सकते हैं कि कितना मुश्किल होता है, ये बात अन्दर ही अन्दर मुझे खाये जा रही थी। फिर एक दिन मैं चैनल के चेयरमैन आर.के. मिश्रा से मिलने गयी और प्रस्ताव रखा कि सर क्या मैं इस चैनल को दोबारा शुरू करूँ। मेरे काम की वजह से मेरे बॉस आर.के. मिश्रा ने मुझ पर भरोसा दिखाया और मुझे दिल्ली के बाराखम्बा रोड पर विजया इमारत में 12वें तल पर काम करने की छोटी–सी एक जगह दे दी और 3 लोग मेरी सहायता के लिए मुझे दे दिये। इतने कम संसाधनों में काम लेकर आना और उसे पूरा करना अब ये मेरे लिए एक नयी चुनौती थी। मनी मैटर्स में लोगों ने मेरा काम देखा था, इसलिए मुझे सबसे पहला काम व्यापार कार्यक्रम के लिए कई एपिसोड बनाने का मिला। चैनल बन्द होने के बाद भी मैंने काफ़ी प्रयास किये, लेकिन संस्थान की अन्दरूनी राजनीति से परेशान होकर मैंने इस चैनल से त्यागपत्र दे दिया। त्यागपत्र देते समय मेरे बॉस आर.के. मिश्रा ने आशीर्वाद दिया कि तुम एक दिन 'रूपर्ट मर्डोक' बनोगी, जिन्हें सभी जानते हैं कि वे मीडिया में एक बहुत बड़ा और प्रतिष्ठित नाम हैं।

अब मुझे यह चिन्ता सता रही थी कि जिन तीन लोगों ने मेरी वजह से यह नौकरी छोड़ी है, उनके परिवार के जीविकोपार्जन का क्या होगा? इसी सब उधेड़बुन के चलते मैंने ख़ुद का 'प्रोडक्शन हाउस' खोलने का निर्णय लिया। नाम से पहले हमारे प्रोडक्शन हाउस के कई नाम नामंज़ूर हो चुके थे। सच कहूँ तो जब सभी रास्ते बन्द हो जाते हैं, तो केवल

भगवान ही आपको रास्ता दिखाता है, इसी सोच के साथ मैंने भगवान, अल्लाह और गॉड (बीएजी) नाम से अपना प्रोडक्शन हाउस शुरू किया। रुपयों की कमी के चलते दिल्ली के सुनसान वीरान इलाक़े शिवालिक कॉलोनी में किराये का एक घर लिया और टेंट वालों से किराये पर चादर और कुर्सियाँ लेकर किसी तरह अपने काम की शुरुआत की। एक पत्रकार से कई चैनलों की मालकिन के सफ़र पर मेरा कहना है कि "पत्रकारिता में पंचायत नहीं एक व्यक्ति की सोच चलती है।"

पत्रकारिता में मेरे सबसे कठिन दौर की अगर बात करूँ, तो वो ये ही दिन थे, जब मेरे ऊपर 3 और लोगों के रोज़गार की ज़िम्मेदारी थी, काम और साधन थे नहीं। बस केवल और केवल काम करने का जुनून था और भगवान के आशीर्वाद पर भरोसा कि कुछ–ना–कुछ ज़रूर कर लूँगी। इन कठिन हालात में एक वरिष्ठ नेता ने मुझे परफ़ेक्ट रिलेशंसकम्पनी के मालिक दीपक चरियन से कुछ काम डॉक्यूमेंट्री बनाने का दिलवाया। इस तरह हमने दूरदर्शन के लिए व्यापार जगत पर क़रीब 13 एपिसोड बनाये। इधर नरसिम्हा राव की सरकार को 1 साल पूरा हो गया था और उनकी सरकार में डॉ. मनमोहन सिंह वित्तमन्त्री थे। मुझे बताते हुए गर्व महसूस होता है कि टेलीविज़न पर डॉ. मनमोहन सिंह को लाने का गौरव मुझे प्राप्त हुआ। उस समय सरकार उदारीकरण की नीति जनता को समझाना चाहती थी। इस कार्यक्रम के ज़रिये बड़े–बड़े नेताओं से लेकर आम जनता के बीच उदारीकरण को टेलीविज़न के माध्यम से पेश किया गया।

इसके बाद आर.के. मिश्रा जी का एक बार फिर फ़ोन आया, उन दिनों साल 1993 में उत्तर प्रदेश के विधानसभा चुनाव होने थे, उन्होंने मुझसे पूछा कि क्या तुम इस चुनाव को कवर करना चाहोगी? फिर क्या था मैंने तुरन्त हाँ कर दी। इस चुनाव के प्रचार–प्रसार का काम भी मुझे मिल गया। मैंने मणिरत्नम की फ़िल्म 'रोजा' का 'भारत हमको जान से प्यारा है, सबसे न्यारा गुलिस्ताँ हमारा है।' इस गाने पर देशप्रेम को देश में बढ़ावा देने और चुनाव में जनता का कांग्रेस की ओर रूख़ करने के लिए अपना चुनाव अभियान तैयार कर लिया। दिलचस्प बात यह है कि प्रधानमन्त्री नरसिम्हा राव ने ख़ुद यह चुनाव प्रचार विज्ञापन देखा और इसे काफ़ी सराहा।

एक पत्रकार के लिए सबसे बड़ी बात यह है कि उसे हमेशा ख़बरों से जुड़ा रहना होता है। मैं आज चाहे न्यूज़ चैनल या तमाम समाचार

सम्बन्धी संस्थानों से जुड़ी हूँ, पर मेरा यह मानना है कि आपको अपने साथियों के साथ तालमेल बनाये रखने के साथ–साथ ख़ुद ख़बरों की जानकारी होनी चाहिए।

यहाँ यह कहना ग़लत नहीं होगा कि अगर आप मीडिया में अपनी पहचान चाहते हैं, तो चाहे आपको इस क्षेत्र में कितने ही साल हुए हों या आप कितने भी बड़े पद पर पहुँच जायें, आपकी पढ़ने और लिखने की क्षमता कभी कम नहीं होनी चाहिए।

जहाँ तक आपने पूछा कि मैं कैसे अपने चैनल 'न्यूज़ 24' को सफलतापूर्वक चला पाती हूँ, तो आपको अपनी टीम को साथ लेकर चलना होता है। आज भी अपने शुरुआती दिनों की तरह कम–से–कम 18 से 20 घण्टे काम करती हूँ। अपने किसी रिपोर्टर या कहीं से ख़बर आने से पहले मुझे ख़बर की जानकारी होती है। मीडिया एक तपस्या है, आपके निरन्तर और निरन्तर ज्ञान और मेहनत के दम पर ही आप इसमें टिके रह सकते हैं, यहाँ शॉर्टकट के लिए कोई जगह नहीं।

आयशा खानम

पत्रकारिता में जहाँ अक्सर लोग केवल एंकर बनने का सपना लेकर आते हैं और चाहते हैं कि उन्हें रातों–रात बिना मेहनत और ज्ञान के स्टारडम मिल जाये, ऐसे में आज भी कुछ महिला पत्रकार हैं, जो राजनीतिक ख़बरों की लाइव रिपोर्टिंग करती हैं। दूरदर्शन में एक ऐसा ही नाम है आयशा खानम का, जो कई सालों से पत्रकारिता में राजनीतिक रिपोर्टिंग का काम कर रही हैं। टेलीविज़न की दुनिया में किसी भी पत्रकार के लिए लाइव राजनीतिक रिपोर्टिंग करना आसान नहीं होता। लाइव शो में सब कुछ आमने–सामने होता है। एडिट का कोई मौक़ा नहीं होता। सही–ग़लत सब कुछ लाइव लोगों के सामने आ जाता है। इसमें चाहे किसी पार्टी का नाम हो या उससे सम्बन्धित कोई भी जानकारी।

अपने पत्रकारिता के सफ़र के विषय में आयशा जी बताती हैं किमेरी ग्रेजुएशन की पढ़ाई बी.एससी. केमिस्ट्री, बॉटनी और जूलॉजी में हुई। इसके बाद बैंगलूरु यूनिवर्सिटी से मास कम्युनिकेशन में पोस्ट ग्रेजुएशन की डिग्री हासिल की। मुझे बचपन से कविताएँ और निबन्ध लिखने का बड़ा शौक़ था और मैं कवि बनना चाहती थी, पर हर आम माता–पिता की तरह मेरे अभिभावक भी मुझे डॉक्टर और आईएएस ही बनाना चाहते थे। डॉक्टर और आईएएस़ दोनों की पढ़ाई और एंट्रेंस एग्ज़ाम के लिए मैथ्स बेहद ज़रूरी था। डिग्री के बाद कई बड़े–बड़े एंट्रेंस एग्ज़ाम दिये लेकिन मैथ्स ने मुझे आगे नहीं बढ़ने दिया। फिर सोचा चलो जूलॉजी में पीजी कर लें, और एंट्रेंस दिया और साथ–साथ बैंगलूरु यूनिवर्सिटी के

मास कॉम. पीजी का भी एंट्रेंस दिया। दोनों में अच्छे नम्बर आये और ख़ूब विचार–विमर्श के बाद मास कॉम. लेने का फ़ैसला हुआ! फिर धीरे–धीरे पता चला कि मुझमें क्रान्तिकारी विचार भी हैं और जब लिखने बैठो तो यह क्रान्तिकारी विचार बाहर आते हैं।इस तरह मैंने 1996 में अपनी यूनिवर्सिटी के इंटरनल अख़बार में एक एडिटोरियल लिख डाला! जिसका विषय था 'व्हाई मुस्लिम वीमेन आर नॉट एमपावर्ड' इस लेख ने मेरी सोच बदल दी! मेरे गाइड अशोक सर हैरान रह गये, मेरे अन्दर का आक्रोश देखकर कहा कि इस तरह के लेख लिखती रहो ताकि समाज में कुछ बदलाव हो सके और लोगों की सोच बदले।

तब से वो आग और ग़ुस्सा जो उस एडिटोरियल में लिखा था वो हमेशा के लिए मेरा बन गया! इस तरह मेरी पत्रकारिता का सफ़र शुरू हुआ! सबसे पहले इंटर्नशिप का मौक़ा मिला दक्षिण के सबसे प्रसिद्ध अख़बार 'डेक्कन हेराल्ड' में, जहाँ छोटे–मोटे आर्टिकल लिखते–लिखते बहुत कुछ सीखा। उस समय मैं प्रेस क्लब की क्लब रिपोर्टिंग को भी बहुत सीरियस लेती थी। यहाँ मुर्ग़ियों के फार्म की समस्याओं से लेकर लेफ्ट पार्टियों के आन्दोलन कवर करने के असाइनमेंट मिलते थे और मैं हर स्टोरी को फ्रंट पेज स्टोरी मानकर कवर करती थी। मेरा पहला बाइलाइन 'डेक्कन हेराल्ड' में था और इस तरह अपनी बाइलाइन और नयी–नयी ख़बरों पर काम करना मेरा जुनून बन गया।

पीजी के बाद 'द एशियन एज अख़बार' में फ़र्स्ट जॉब मिला, यहाँ काम करना एक गर्व कीबात थी। एम.जे. अकबर जो मेरे लिए एक आदर्श पत्रकार थे, वह इस अख़बार के सम्पादक थे, बहुत कुछ सीखा यहाँ। फिर मौक़ा मिला पॉलिटिकल बीट करने का। मुझे 1999 में लोकसभा चुनाव में सोनिया गाँधी / सुषमा स्वराज की टक्कर कर्नाटक के बल्लारी में चुनावी मैदान से रिपोर्टिंग करने का मौक़ा मिला। इसके बाद मैं इस प्रोफ़ेशन में सेटल हो गयी!

कुछ समय बाद डीडी मेट्रो पर चलने वाला न्यूज़ बुलेटिन 'आज तक' ज्वाइन किया जो बाद में देश का पहला 24 घण्टे चलने वाला न्यूज़ चैनल बना। टीवी पत्रकारिता में यह एक बड़ा आन्दोलन रहा और यह चैनल आज भी इतिहास रच रहा है। हालाँकि मेरी पढ़ाई इंग्लिश मीडियम में हुई थी और अंग्रेज़ी अख़बार में काम किया था, इसलिए अचानक हिन्दी माध्यम की रिपोर्टिंग करने में शुरू में दिक्क़त आयी। लेकिन आज तक

की ट्रेनिंग और उस वक़्त के मेरे वरिष्ठ साथियों की मदद से मैं अपने काम को सफलतापूर्वक कर पायी।

'आज तक' ने मेरी दुनिया बदल दी, मुझे एक नयी पहचान मिली। टीवी पर पीटीसी के ज़रिये 'आज तक' के तमाम पत्रकार देश भर में पहचाने जाने लगे! 'आज तक' की पहुँच इतनी थी कि जहाँ भी जाते लोगदेखते ही पहचानने लगते। एक स्टार की तरह ट्रीटमेन्ट मिलता था, यहाँ तक कि दिल्ली में शॉपिंग के लिए जाओ तो रिक्शावाले, दुकानदार सब नाम से पहचानते थे और यह पहचान आज भी कहीं–कहीं बनी हुई है। कावेरी के पानी का मुद्दा और चन्दन तस्कर वीरप्पन की सनसनीख़ेज़ स्टोरीज़ ने रातों–रात 'आज तक' में काम करने वाली टीम को मशहूर बना दिया।

फिर साल 2003 में शुरू हुआ 'स्टार न्यूज़ हिन्दी' और लगभग 'आज तक' की पूरी टीम 'स्टार न्यूज़' का हिस्सा बन गयी। स्टार न्यूज़ में मैं दक्षिण राज्यों की प्रमुख संवाददाता बन गयी। स्टार न्यूज़ में 10 साल के मेरे करियर ने मुझे पत्रकारिता के चरम पर पहुँचा दिया। दक्षिण भारत में शायद ऐसी कोई जगह नहीं होगी, जहाँ मैं स्टार न्यूज़ के माइक के साथ न पहुँची हूँ।

साल 2013 में एक अलग अनुभव के लिए डीडी न्यूज़ ज्वाइन किया। क्योंकि अब प्राइवेट न्यूज़ चैनल्स में ख़बरें कम और नेगेटिव ख़बरें ज़्यादा आने लगी थीं। वहीं डीडी न्यूज़ देश का पब्लिक ब्रॉडकास्टर होने के नाते ख़बर दिखाने पर ज़ोर देता। इसलिए डीडी न्यूज़ में काम करना मेरे लिए गर्व का विषय था। पत्रकारिता में सब्र करना मैंने यहाँ से सीखा और हाँ यह भी पता लगा सब्र का फल मीठा होता है और कभी–कभी कड़वा भी। डीडी न्यूज़ में काम करते हुए प्रधानमन्त्री से जुड़े सभी कवरेज दिलचस्प और चुनौती भरे रहे। विदेशी दौरे भी बेहद चुनौतीपूर्ण रहे। यहाँ मुझे प्रधानमन्त्री कार्यालय के काम को नज़दीक से देखने का मौक़ा मिला। प्रधानमन्त्री नरेन्द्र मोदी के साथ चीन, कोरिया, श्रीलंका का दौरा और पूर्व प्रधानमन्त्री डॉ. मनमोहन सिंह के साथ म्यांमार का दौरा करने का अनुभव मिला।

प्रश्न–पत्रकारिता में ब्रेकिंग न्यूज़ से जुड़ा कोई वाक़या बतायें।

उत्तर–जहाँ तक टेलीविज़न पत्रकारिता में ब्रेकिंग न्यूज़ के किसी वाक़ये की बात है तो एक दिलचस्प वाक़या स्टार न्यूज़ में हुआ। हुआ यूँ

कि स्टार न्यूज़ में एक रात मुम्बई ब्यूरो के नाइट रिपोर्टर ने एक ख़बर कन्फ़र्म करने को कहा। 'मशहूर गायक मन्ना डे नहीं रहे' और उन्होंने बैंगलूरु में अपनी बेटी के घर अन्तिम साँस ली। तब तक मुझे पता नहीं था कि मन्ना डे जैसे इतने बड़े गायक मेरे शहर में रहते हैं। रात के क़रीब 12.30 बजे, मैंने जैसे–तैसे उनकी बेटी के घर का नम्बर ढूँढ़ निकाला और सीधे फ़ोन लगाया। लैंडलाइन फ़ोन रिंग हुआ और उधर से आवाज़ आयी, हैलो! मैंने पूछा, "क्या यह मन्ना डे का घर है?" जवाब मिला, ग़ुस्से भरी आवाज़ में, "हाँ मैं मन्ना डे बोल रहा हूँ", यह सुनते ही मुझे हँसी आ गयी। मैंने अपनी हँसी सँभालते–सँभालते पूछा, "सर, आपकी तबीयत कैसी है, कुछ ग़लत अफ़वाह चल रही है आपके बारे में।" मन्ना डे और ग़ुस्से से गरजते हुए बोले, "मैं ठीक हूँ। यह कोई टाइम है शरीफ़ लोगों के घर फ़ोन करने का, तुम्हें और कोई काम नहीं? क्या समझते हो तुम पत्रकार लोग।" और ख़ूब सुनायी उन्होंने, मैंने जल्दी से माफ़ी माँगी और फ़ोन रख दिया, मुम्बई ब्यूरो को बता दिया ख़बर ग़लत निकली। यह अनुभव मैं आज भी नहीं भूलती और मुझे इस बात का गर्व भी है कि मैंने ज़िन्दगी में एक महान शख़्सियत से डाँट खायी। इस घटना के क़रीब 6 साल बाद मन्ना डे चल बसे, और अफ़सोस मुझे ख़बर कन्फ़र्म नहीं करनी पड़ी!

प्रश्न–आपने अलग–अलग क्षेत्रों से जुड़ी तमाम नामचीन हस्तियों का साक्षात्कार लिया होगा। किसी रोचक साक्षात्कार के विषय में बतायें। मीडिया छात्रों से शेयर करें कि अपने क्षेत्र में अग्रणी लोगों का साक्षात्कार लेते समय किन बातों का ध्यान रखें।

उत्तर–कई हस्तियों का इंटरव्यू लेने का मौक़ा मिला। इन्फ़ोसिस के फ़ॉउंडर नारायण मूर्ति, इन्फ़ोसिस के सह–अध्यक्ष नन्दन नीलेकणि, विप्रो के अज़ीम प्रेमजी, किरण मजूमदार, साल 1999 से 2004 तक कर्नाटक के मुख्यमन्त्री रहे एस.एम. कृष्णा, और लगभग हर राज्य के मुख्यमन्त्री जैसे चन्द्रबाबू नायडू, जयललिता, केरल के उम्मन चांडी। भारत के पहले एस्ट्रोनॉट राकेश शर्मा और राज्यसभा के सांसद एवं प्रसिद्ध भारतीय अन्तरिक्ष वैज्ञानिक कृष्णास्वामी कस्तूरीरंगन इत्यादि।

फ़िल्म इंडस्ट्री से, शाहरुख़ ख़ान, आमिर ख़ान, सलमान ख़ान, रितिक रोशन, शाहिद कपूर, संजय ख़ान और कई स्टार्स। स्पोर्ट्स में बॉक्सिंग चैम्पियन मैरी कॉम, साइना नेहवाल, धोनी, राहुल द्रविड़, कोच संदीप पाटिल, ग्रेग चैपल, ब्रेट ली, क्रिस गेल, इरफ़ान पठान, किरमानी,

ज़हीर अब्बास, बिशन सिंह बेदी, रैना वग़ैरा—वग़ैरा। मालदीव के राष्ट्रपति नशीद, श्रीलंका के रक्षामन्त्री। सबसे महत्त्वपूर्ण इंटरव्यू पूर्व राष्ट्रपति डॉ. ए.पी.जे. अब्दुल कलाम का रहा।

तमाम इंटरव्यू रोचक और यादगार रहे। बस इंटरव्यू करने से पहले अपना होमवर्क अच्छा करना ज़रूरी है, हर पहलू से रिसर्च और पूरा बैकग्राउंड तैयार रखना।

जब इंटरव्यू करो तो शुरू में थोड़ा रिलैक्सिंग सवाल करो, थोड़ा उनका कॉन्फिडेंस बूस्ट करो, और फिर गम्भीर सवाल शुरू करो ताकि वह जवाब कम्फर्टेबल होकर दें। सवाल सीधे और छोटे रखें। इंटरव्यू का माहौल ऐसा बनाओ कि लगे रिपोर्टर और इंटरव्यू देने वाला दो दोस्तों की तरह एक—दूसरे के दिल की बात सुन रहे हैं। कुछ इंटरव्यू में सवाल पहले से ही दिये जा सकते हैं। ख़ासकर बिज़नेस बीट वाले इंटरव्यू में। और चाहे आप किसी अपराधी का इंटरव्यू ही क्यों न कर रहे हों, उनका सम्मान इंटरव्यू के दौरान बनाये रखना बेहद ज़रूरी है।

प्रश्न—मीडिया में आपका सबसे भावुक दिन, जब आपको लगा हो कि बस अब आप इस क्षेत्र में और काम नहीं कर पायेंगी। क्या एक महिला पत्रकार के लिए यह आज भी एक चुनौती भरा प्रोफ़ेशन है।

उत्तर—मेरा सबसे भावुक दिन रहा बैंगलूरु में साम्प्रदायिक दंगे कवर करते समय। अपनी आँखों के सामने धर्म के नाम पर लोगों को एक—दूसरे को नुक़सान पहुँचाता देखकर मन बहुत व्याकुल हुआ। लगा इन्सानियत ख़त्म होती जा रही है, गाड़ियों की तोड़—फोड़, अस्पताल में ज़ख़्मी, दंगों के शिकार मासूम। सब कुछ देखकर मन भर गया था। और दूसरा मौक़ा था हैदराबाद में आतंकी हमले की शिकार एक 5 साल की बच्ची की बम के छर्रों से ज़ख़्मी हालत देखकर मैं टूट गयी! वो लड़की उस दिन अपने माता—पिता के साथ अपने जन्मदिन के लिए नये कपड़े और खिलौने लेने आयी थी, जब उस बाज़ार में बम फटा और उसको लहूलुहान कर दिया। उस दिन मैं उसकी हालत पर बात करते समय भावुक हो गयी थी। अपने आप को तसल्ली देने के लिए मैंने उसके लिए एक नया फ्रॉक ख़रीदा और जब वह अस्पताल के बिस्तर पर मुझे मुस्कुराते हुए नज़र आयी तो मुझे तसल्ली हुई। तब लगा बस मुझे यह सब ख़ूनख़राबा नहीं देखना है। लेकिन जल्दी ही दूसरी स्टोरी ने इस ग़म को कम कर दिया!

महिलाओं के लिए आज बेहतर अवसर हैं। सब कुछ अपनी मेहनत और लगन पर निर्भर करता है। आज की नयी पीढ़ी की युवा पत्रकार ज़्यादा समझदार हैं, लेकिन कड़ी मेहनत का कोई सब्स्टीट्यूट नहीं है! लेकिन हाँ, निजी जीवन और प्रोफ़ेशन में बैलेंस ज़रूरी है और अपने परिवार का साथ, कामयाबी की पूँजी है।

प्रश्न–आयशा खानम पत्रकारिता को किन शब्दों में परिभाषित करेंगी?

उत्तर–मेहनत, सादगी, हमेशा अपने सीनियर का सम्मान, हर दिन नया सवेरा...

आर. जयश्री पुरी

टेलीविज़न की दुनिया में शॉट्स का सबसे अहम रोल होता है। जिस न्यूज़ चैनल के पास किसी भी ख़बर के सबसे अच्छे शॉट्स होते हैं, वह चैनल ही दर्शकों पर अपनी ख़बर की सत्यता को मज़बूती से रख पाता है। देश के एकमात्र सबसे पुराने और प्रतिष्ठित न्यूज़ चैनल डीडी न्यूज़ में 30 साल से अधिक समय से कैमरापर्सन का काम कर रही आर. जयश्री पुरी एक ऐसा नाम हैं, जिन्हें आज न केवल टेलीविज़न दुनिया की सबसे पुरानी महिला कैमरामैन में से एक होने का गौरव प्राप्त है, बल्कि आज भी वह अपनी मेहनत और ज्ञान के बल पर अपने पद की गरिमा को निभा रही हैं।

आज भी जयश्री जी उस दिन को नहीं भुला पातीं जब उन्होंने टेलीविज़न की दुनिया में एक नयी राह चुनने का निर्णय लिया। यह बात है साल 1984 की जब उन्होंने एक दर्शक के तौर पर टीवी देखते हुए यह उद्‌घोषणा सुनी कि दूरदर्शन में एक कैमरामैन की ज़रूरत है। मैंने सोचा कि जो क्वालिफ़िकेशन ये माँग रहे हैं, वो तो मेरे पास हैं, लेकिन समस्या केवल यह थी कि नौकरी के लिए किसी पुरुष कैमरामैन की ज़रूरत थी। इसके बावजूद मैंने सोचा कि मेरे पास क्वालिफ़िकेशन है, इसलिए एप्लाई ज़रूर करना चाहिए। साथ ही मन में यह शौक़ भी था कि अपनी मनपसन्द न्यूज़ एंकर सलमा सुल्तान और तमाम ऐसी दूसरी एंकर्स से मिलने का मौक़ा मिलेगा और इस सोच के साथ मैं दिल्ली के मुख्य कार्यालय मंडी हाउस पहुँच गयी।

साक्षात्कार के दौरान मेरे महिला होने पर उन्होंने इस जॉब के लिए खेद जताया, पर मैंने कहा कि किसी–न–किसी को तो शुरुआत करनी ही होगी। अगर कभी किसी महिला को यह मौक़ा ही नहीं दिया जायेगा तो यह कैसे पता चलेगा कि महिलाएँ भी एक बहुत अच्छी कैमरापर्सन हो सकती हैं। इस तरह मैं बेबाक़ होकर साक्षात्कार दे आयी। इस बेबाकी का श्रेय मेरे माता–पिता को जाता है, पिता सेना में थे, तो उन्होंने हर परिस्थिति का सामना करना सिखाया, डरना नहीं। दूसरा यह भी था कि मैं केवल नौकरी नहीं बल्कि समाज और अपने लिए कुछ हटकर करना चाहती थी।

मेरी पहली कवरेज ने मुझे मेरे जीवन का आदर्श मूल्य दे दिया। हुआ यूँ कि मैं कवरेज के लिए लेट हो गयी। पर मन्त्री जी ने दोबारा उद्घाटन करके कहा तुम महिला कैमरापर्सन हो, इसलिए दोबारा कर रहा हूँ। मुझे यह बात इतनी बुरी लगी कि मैंने निश्चय किया कि जीवन में कभी अपने महिला होने का फ़ायदा नहीं उठाऊँगी।

प्रधानमन्त्रियों के साथ मेरा अब तक का सबसे अच्छा अनुभव पूर्व प्रधानमन्त्री अटल बिहारी वाजपेयी के साथ रहा। साल 2005 में लोकसभा चुनाव का परिणाम आना था, उन्होंने मुझसे पूछा कि क्या लगता है, मैं इस बार चुनाव में जीत जाऊँगा। मैंने कहा सर आपका व्यक्तित्व इतना प्रभावी है कि आपको कोई न नहीं कह सकता। उन्होंने कहा कि क्या मैं तुम्हारे लिए कुछ कर सकता हूँ। मैंने कहा– सर, मैं आपके साथ एक फ़ोटो लेना चाहती हूँ, जो आज तक मेरे लिए सबसे गौरवपूर्ण फ़ोटोग्राफ़ है।

ऐसा ही अनुभव मेरा पूर्व राष्ट्रपति डॉ. अब्दुल कलाम के साथ रहा। पूर्व राष्ट्रपति डॉ. अब्दुल कलाम की कवरेज कर रही थी, कैमरा उठाये विदेशी अतिथिगण का इन्तज़ार कर रही थी, कलाम जी ने कहा कि आप ऐसे क्यों खड़ी हो, आपने लंच क्यों नहीं किया, आप भी हमारे साथ लंच करें। मेरे ना करने पर उन्होंने कहा, आप हमारे लिए दिन–रात काम करके करोड़ों जनता तक सरकार की बात पहुँचाती हैं, तो आपका सम्मान तो हमारा कर्तव्य है।

मैं अपने साथियों और दफ़्तर के अधिकारियों सबको धन्यवाद देना चाहूँगी कि उन्होंने हमेशा मुझ पर विश्वास करके देश–विदेश में प्रधानमन्त्री और राष्ट्रपति की कवरेज के लिए मुझे चुना। मेरे लिए सबसे गौरव की बात यह है कि मुझे अपने देश की आन–बान और शान 15 अगस्त भी कवर करने का मौक़ा मिला। साथ ही मैं अपने को सौभाग्यशाली मानती हूँ

कि मुझे प्रधानमन्त्री और राष्ट्रपति के अलावा देश और विदेश में घटित हुई सामाजिक घटनाएँ कवर करने का भी मौक़ा मिला। चाहे फिर वो मुम्बई हमला हो या फिर सुनामी। सुनामी की कवरेज करने हम नागापट्टनम गये, तो सुनामी पीड़ित सतीश की स्टोरी कवर की। जब यह स्टोरी प्रसारित हुई तो दर्शकों ने इसे इतना पसन्द किया कि सतीश की मदद के लिए दूरदर्शन के बाहर भीड़ लग गयी। इस स्टोरी के लिए मुझे दूरदर्शन का बेस्ट कैमरामैन का पुरस्कार भी मिला।

एक कैमरामैन की दृष्टि से अगर देखा जाये, तो मैं अपने कैमरे को अपने बच्चे की तरह मानती हूँ। जैसे एक माँ को अपनी गोद में बच्चे के भार का अहसास नहीं होता। वैसे ही एक कैमरामैन को घण्टों तक कन्धे पर कैमरा उठाये रखने के बावजूद उसके भार का अहसास नहीं होता। वैसे भी मुझे लगता है कि अगर आप अपने काम से प्यार नहीं करते तो आप चाहे किसी भी क्षेत्र में हों, कभी कामयाब नहीं हो सकते। काम–काम और लगातार मेहनत, सब जानते हैं कि जब दुनिया और देश सरकारी छुट्टी मना रही होती है, उन दिनों हमारा काम बढ़ जाता है। चाहे दिवाली हो, होली हो या फिर कोई भी और त्यौहार हमारे कैलेंडर में 365 दिन सिर्फ़ काम को महत्त्वपूर्ण समझा जाता है। मीडिया में रहकर आप बहाने नहीं बना सकते कि आपको त्यौहार के लिए छुट्टी दी जाये। मैंने अपने जीवन में काम करके यह सीखा कि आप पर आपके संगठन और साथियों का विश्वास होना चाहिए। मतलब आपको जो ज़िम्मेदारी सौंपी गयी है, तो आप उसे पूरी ईमानदारी और समय पर करें। काम में कभी महिला होने का फ़ायदा नहीं उठाना चाहिए।

मैं इस क्षेत्र में आने वाली नयी पीढ़ी को कहना चाहती हूँ कि मीडिया में मेहनत के साथ–साथ आपको अपने काम के बारे में पूरी जानकारी होनी चाहिए। अपने काम को करते हुए अगर मेरे साथ कोई नया कैमरामैन या रिपोर्टर जाता है, तो मैं उनसे उस ख़बर पर बात और प्रश्न करती हूँ। मेरा मानना है कि आप जिस स्टोरी पर जा रहे हैं उसकी पूरी जानकारी आपको और आपके साथियों को होनी चाहिए। मैं बार–बार यह कहना चाहती हूँ कि प्रधानमन्त्री के साथ अन्य महत्त्वपूर्ण कवरेज 30 साल से अधिक समय से करना यह केवल इस कारण सम्भव हो पाया कि क्योंकि मैंने अपने अफ़सरों और साथियों का विश्वास जीता है, कि अगर जयश्री प्रधानमन्त्री या किसी बड़ी कवरेज पर है, तो काम बिल्कुल सही होगा।

मुझे लगता है कि कैमरामैन का काम आसान नहीं है, लेकिन मज़ेदार और चुनौतीपूर्ण ज़रूर है। तमाम न्यूज़ चैनल आज अपने दर्शकों तक ख़बरें सबसे पहले पहुँचाने की होड़ में लगे हैं। ऐसे में कैमरामैन का काम ज़्यादा ज़िम्मेदारी वाला हो गया है। उसे कम–से–कम समय में बेहतरीन शूट करना पड़ता है। एक कैमरामैन का काम काफ़ी भागदौड़ वाला तो है ही। उदाहरण के तौर पर अगर कहीं बम ब्लास्ट या ट्रेन दुर्घटना होती है, तो इस ख़बर को स्टूडियो तक पहुँचाने की ज़िम्मेदारी रिपोर्टर की होती है, लेकिन घटना से जुड़े दृश्यों को कैमरे में क़ैद करने की ज़िम्मेदारी कैमरामैन की है। जब रिपोर्टर घटना से जुड़ी जानकारी इकट्ठा कर रहा होता है, उस दौरान कैमरामैन को अपनी समझ, रिपोर्टर की डिमांड और दर्शकों को आकर्षित करने वाले दृश्यों को शूट करना पड़ता है। ऐसी स्थिति में कैमरामैन और रिपोर्टर के बीच तालमेल का होना बेहद ज़रूरी है। मुझे आज भी याद है 13 दिसम्बर 2001 का वो भयावह दिन जब आतंकवादियों ने हमारे देश की आन–बान और शान भारतीय संसद पर हमला किया था। उसके अगले दिन 14 दिसम्बर को हमें साउथ ब्लॉकमें कैबिनेट बैठक को कवर करने जाना था। कैबिनेट में पाकिस्तान में भारतीय दूतावास पर निर्णय लिया जाना था। इस ख़बर को कवर करनेमेरे साथ रिपोर्टर सैंथील राजन और सिर्फ़ एक वाहनचालक गया। हमें स्टोरी को कवर करके जल्द से जल्द विजुअल को दूरदर्शन भेजना था। मैं जैसे ही टेप लेकर गाड़ी के पास आयी हड़बड़ाहट में ग़लती से सैंथील से गेट पर रखी मेरे हाथ की उँगली दरवाज़े में फँस गयी और उससे बेहद खून बहने लगा। ऐसे में सैंथील और वाहनचालक दोनों बहुत घबरा गये और मुझसे अस्पताल जाने की ज़िद करने लगे। ऐसे में बेहद दर्द के बावजूद मैंने अपना संयम नहीं खोया और कहा कि हम नेशनल ब्रॉडकास्टर्स हैं इतनी महत्त्वपूर्ण ख़बर हमें जल्द से जल्द ब्रेक करनी चाहिए। फिर हमने उस ख़बर को पहले अपने दफ़्तर पहुँचाया। इस काम के लिए मुझे मेरे साथियों ने बहुत–बहुत सराहा। मैं यहाँ सिर्फ़ इतना ही कहना चाहूँगी कि लोकतन्त्र का चौथा स्तम्भ कहे जाने वाला पत्रकारिता जगत एक बेहतर करियर विकल्प हो सकता है, बशर्ते आप में उसके साथ जुड़ी ज़िम्मेदारियों को ईमानदारी से निभाने का संकल्प लेने का साहस हो।

इरा झा

"अख़बारनवीस के करियर पर कभी आँच नहीं आ सकती" यह कहना है वरिष्ठ पत्रकार इरा झा का। पत्रकारिता के दौरान कई तरह के पत्रकारों से मिलने का अवसर मिला। कई अपने ज्ञान के सामने किसी दूसरे को कुछ नहीं समझते, तो किसी को अपनी विदेशी डिग्री पर नाज़ है, तो कोई बड़े–से–बड़े नेता से अपने क़रीबी रिश्ते बताकर रौब जमाता है। पर पत्रकारिता में 30 साल से ज़्यादा का सफ़र तय करने वाली इरा झा का व्यक्तित्व इन सबसे बिल्कुल अलग है। वो उन चुनिन्दा महिला पत्रकारों में से हैं, जिन्होंने नक्सल जैसे कठिन विषय पर न केवल रिपोर्टिंग की बल्कि अपने लेखन और ज्ञान से प्रिंट मीडिया में रिपोर्टिंग में आने वाली नयी महिला पत्रकार साथियों के लिए नये आयाम स्थापित किये।

मुझे इरा जी के रूप में एक ऐसी महिला पत्रकार दोस्त मिली, जो अपने ज्ञान और सच्चाई से मेरे दिल को छू गयी। बिना किसी लाग–लपेट के अपने पत्रकारिता के सफ़र के विषय में उन्होंने बताया कि, "मैं इरा झा हूँ। खाँटी अख़बारनवीस और मेरे बातूनीपन, तेज़–तर्रार, बेबाक़ और जल्दबाज़ होने से मेरे पत्रकारीय अस्तित्व पर कोई असर नहीं पड़ता है।" ये कहना है इरा झा का, जो 'नवभारत टाइम्स' और 'हिन्दुस्तान' जैसे बड़े अख़बारों में बड़े पदों पर रही हैं। वह बताती हैं कि मैं जयपुर से दिल्ली आना चाहती थी, तब सुरेन्द्र प्रताप सिंह उनके कार्यकारी सम्पादक थे। उन्होंने कहा कि दिल्ली में तुम्हें तब लूँगा जब नाइट ड्यूटी करोगी। मैंने तपाक से जवाब दिया कि अगर आपने नाइट ड्यूटी

नहीं दी तो मैं इस्तीफ़ा देकर भाग जाऊँगी। थोड़ी देर के लिए एस.पी. सिंह हक्के–बक्के रह गये। दरअसल उन दिनों महिलाएँ नाइट ड्यूटी से बचती थीं और एस.पी. सिंह को यह नहीं पता था कि जयपुर में मैं जब बड़े उत्साह से अख़बार के दफ़्तर में पहुँची तो पहले ड्यूटी चार्ट में उनका नाम नाइट ड्यूटी में नहीं दिखा, जिससे उनका दिमाग़ भन्ना गया और तब के सम्पादक दीनानाथ मिश्र से कारण पूछा तो पता लगा कि वो कच्ची उम्र की लड़की की नाइट ड्यूटी नहीं लगाना चाहते थे। जैसे वह कोई अप्सरा हों और उनके साथियों की तपस्या भंग कर देंगी। उन्होंने इस्तीफ़ा दे दिया और चली गयीं। बाद में साथियों के मनाने पर वह लौटीं और उसके बाद कितनी नाइट ड्यूटी की जिसका हिसाब बताना मुश्किल है।

इरा जी कहती हैं कि पत्रकारिता में मेरा कोई आदर्श नहीं है। हाँ स्वर्गीय राजेन्द्र माथुर उनके सम्पादक थे और उनकी हिदायतें वो आज तक नहीं भूलीं। वह कहती हैं कि उनके सबसे बड़े गुरु उनके पिता रहे हैं, जो उच्च न्यायालय के न्यायाधीश थे और वह उनकी बेहद बिगड़ैल और लाड़ली बेटी। इरा झा का जन्म और परवरिश बस्तर जैसी पिछड़ी जगह में हुई थी, पर उनके पिता के मन में महिलाओं को लेकर कोई पूर्वाग्रह नहीं था, न ही वह उनसे घरेलू कामकाज कराने पर ज़ोर देते थे। समाचारों की दुनिया में उनकी बड़ी दिलचस्पी थी। इरा पत्रकार भी उन्हीं की वजह से बनीं। ये बात अलग है कि पहले वह उनके पत्रकार बनने के ख़ासे विरोधी रहे, यहाँ तक कि उनके मातहत (पिता जी के पी.ए. और पी.एस.) भी इरा का मज़ाक उड़ाते थे।

उस समय का समाज एकदम अलग था। महिलाओं के पहनावे से लेकर कामकाज तक पर टीका–टिप्पणी चलती रहती थी। भेदभाव का ऐसा आलम था कि महिला अगर बच्चे के लिए छुट्टी ले तो बहाना और पुरुष साथी छुट्टी ले तो ज़रूरत। इस तरह की बेहिसाब बातें थीं जो महिलाओं को मुख्य डेस्क जैसी महत्त्वपूर्ण जगहों पर आने से रोकती थीं। इस माहौल में आपका हर साथी आपके साथ चाय पीना चाहता था, लेकिन गोपनीयता से। ये बड़ी अजीब बात थी। इसी माहौल में उन्होंने 'नवभारत टाइम्स' का संस्करण निकालने और पहली महिला मुख्य उप–सम्पादक होने का गौरव पाया। बात उन दिनों की है जब मेरे संस्करण निकालने की बात चल रही थी। सम्बद्ध विभाग का माहौल

ठीक न था इसलिए सम्पादक महोदय मुझे यह मौक़ा देना नहीं चाहते थे। काफ़ी बहस के बाद मैं अपने जोख़िम पर संस्करण निकालने पहुँची तो वहाँ का माहौल ही बदल गया। मैंने कई बार ख़ुद सुना–चुप, इरा जी आ रही हैं बकवास नहीं। और आज तो कितनी लड़कियाँ संस्करण निकालने लगी हैं। बाद में इन्हीं सब कारणों से–उन्हें तब तक पता नहीं था कि उनकी जाति और महिला होना उनके करियर के रास्ते में कितनी बड़ी रुकावट हो सकता है–उन्हें इस पद से हटा दिया गया।

इसके बाद इरा झा 'हिन्दुस्तान' रायपुर, छत्तीसगढ़ की ब्यूरो चीफ़ नियुक्त हुईं और वहाँ से धुआँधार ख़बरें भेजकर अख़बार की दुनिया में तहलकामचा दिया। साल 2003–2004 में वहाँ विधानसभा और संसद के चुनाव होने वाले थे। उस दौरान उनकी बेमिसाल रिपोर्टिंग को लोग आज तक याद करते हैं। कांग्रेस नेता अजीत जोगी के हारने की भविष्यवाणी उन्होंने ही की थी। चुनाव के दौरान नक्सलवादियों का पक्ष जानने वह 20 किलोमीटर पैदल चलकर उनके कैम्प गयी थीं और तब 'हिन्दुस्तान' में लगातार नक्सलवादी कैम्प से ख़बरें छपी थीं। तब नक्सलियों से मिलने पर प्रतिबन्ध नहीं था, लेकिन अपने–आप में ये बेहद रोमांचक और अनोखा अनुभव था, जिसमें पल–पल जान गँवाने का ख़तरा बना हुआ था। मुझे यह मौक़ा शायद इसलिए मिल पाया कि तब मेरी सम्पादक एक महिला मृणाल पाण्डे थीं। बाद में मुझे एनसीआर की सम्पादक और 'हिन्दुस्तान' की समाचार सम्पादक के पद पर काम करने का गौरव प्राप्त हुआ।

जहाँ तक आज के पत्रकारों का सवाल है, वे न तो भाषा पर ध्यान देते हैं, न ख़बरों पर। इरा झा की ये सलाह है कि हमारे साथी टेलीविज़न का प्रलोभन छोड़कर पढ़ने–लिखने पर ध्यान दें। भाषा पर ज़ोर दें ताकि पाठकों और दर्शकों को वे मुक़म्मल ख़बर दे सकें। हमारे समय में कोई इंटरनेट नहीं था इसलिए भाग–दौड़ कुछ ज़्यादा थी। जहाँ अटकते वहाँ या तो लाइब्रेरी की राह पकड़ते या किसी विशेषज्ञ की पनाह लेते। ज़माना बदला ज़रूर है, पर मेरा ख़याल है पढ़ना–लिखना करते रहें। आगे बढ़ने के प्रयास में हड़बड़ी न करें। हर बात वक़्त पर निर्भर है और मेहनत का फल अवश्य मिलता है इसलिए मेहनत से कतरायें नहीं। दरअसल पत्रकारिता का माहौल भी अब बदल गया है। ठीक है कि महिलाओं की शिरकत बढ़ी है पर ख़बरों की गुणवत्ता में भी कमी आयी है। पहले पर्यावरण, स्वामित्व, क़ानूनी ख़बरें हम बड़ी बेबाक़ी से लिखते थे,

अब ऊपर से उनकी मनाही हो जाती है कि फलाँ आदमी के ख़िलाफ़ या फलाँ विषय पर आप न लिखें। पत्रकार भी आख़िर क्या करें।

मुझे आज तक कोई सम्मान नहीं मिला। इसका कोई मलाल नहीं है। शुरुआत में कुछेक फ़ेलोशिप के लिए एप्लाई किया था मिली नहीं तो बाद में विचार छोड़ दिया। एक पुरस्कार के लिए किसी ने स्वीकृति माँगी तो मना कर दिया। वैसे भी मेरा मानना है कि फ़ेलोशिप और पुरस्कार माँगने की चीज़ नहीं है।

कंचन प्रसाद

"ज़िन्दगी चैलेंज से भरी है, लेकिन अगर हममें चुनौतियों का सामना करने की हिम्मत है, तो कोई–न–कोई रास्ता निकल ही आता है।"

यह कहना है कंचन प्रसाद का जिन्होंने अपने करियर की शुरुआत भारतीय सूचना सेवा अधिकारी के रूप में की और अब आकाशवाणी की ओर से दुबई में वरिष्ठ संवाददाता के तौर पर कार्यरत हैं। अपने छात्र जीवन के विषय में बताते हुए वे कहती हैं कि अपनी कॉलेज की पढ़ाई मैंने लेडी श्रीराम कॉलेज, दिल्ली विश्वविद्यालय से की। छात्र जीवन में देश के युवा प्रधानमन्त्री राजीव गाँधी हम छात्रों की पहली पसन्द थे। दोस्त शारदा और मैं, हम दोनों हमेशा राजीव गाँधी को पढ़ते और सुनते थे। जिस दिन राजीव गाँधी की हत्या हुई, उस दिन हम दोनों ख़ूब रोये और पढ़ाई में मन नहीं लग रहा था, जबकि अगले दिन हमारा इम्तिहान था। साल 1991–21 मई को राजीव गाँधी की हत्या ने देश को एक युवा प्रधानमन्त्री की असामयिक मृत्यु के दुख से भर दिया था। तब लगा कि जब लिट्टे ख़त्म होगा, तभी दिल को सुकून मिलेगा।

समाचार–कक्ष में काम करना मेरा एक रोचक अनुभव रहा। आपको हर दिन, हर पल सचेत रहना है और जहाँ ग़लती की कोई जगह नहीं। मेरे लिए कार्य सबसे बड़ी पूजा है और चुनौतियाँ आपका जीवन बदल देती हैं। निर्भया काण्ड के समय में मेरी पोस्टिंग डीडी न्यूज़ में थी और बतौर समाचार डायरेक्टर मैं कार्यरत थी। उस वाक़ये ने मुझे अन्दर तक व्याकुल कर दिया। मुझे लगा हमारा समाज और कुछ लोग कितने निर्मम हैं,

जो इस तरह के अपराध को अंजाम देते हैं। पर मुझे ख़ुशी है कि उस घटना ने पहली बार सारे समाज को महिलाओं के ख़िलाफ़ हो रहे अपराधों के ख़िलाफ़ एकजुट कर दिया। पूरे देश में मानो जैसे एक बदलाव की लहर दौड़ गयी। जो एक स्वस्थ और एक ऐसे समाज के निर्माण के लिए संघर्ष कर रहा था, जिसमें महिलाओं के ख़िलाफ़ बीमार मानसिकता की जगह महिलाओं को सम्मान देने की बात हो। मीडिया बहुत ही मेहनत, जागरूक और चुनौतियों से भरा प्रोफ़ेशन है। मुझे लगता है कि इसमें हर रोज़ नयी चुनौती होती है।

श्रीलंका युद्ध के वक़्त मुझे फ्रंटलाइन से रिपोर्टिंग करने का मौक़ा मिला। उस समय श्रीलंका के ब्रिगेडियर श्वेन्द्र सिल्वा की 58 डिवीजन के साथ मुझे काम करने का अवसर प्राप्त हुआ। 18 मई 2009 को प्रभाकरण के बेटे चार्ल्स एंथनी सहित सात शीर्ष विद्रोही नेता मारे गये। मुझे लगता है कि आतंकवादी आतंकवादी ही होता है,उसका कोई विकल्प नहीं। एक महिला पत्रकार के रूप में किसी युद्ध को कवर करना मेरे लिए एक रोमांचकारी अनुभव तो था ही, ये मेरी ज़िन्दगी में अपनी एक अलग छाप छोड़ गया। जीवन में कठिनाइयों का सामना करके आगे बढ़ना मैंने अपनी माँ किरण वर्मा से सीखा है, वे ही मेरे जीवन की रोल मॉडल हैं।

आकाशवाणी ने श्रीलंका में कंचन की रिपोर्टिंग को सराहते हुए उन्हें 2009 का 'बोल्ड एंड करेजियस अवॉर्ड' देकर उन्हें सम्मानित किया।

2008 में 26/11 मुम्बई हमला की वह काली रात आज भी मुझे नहीं भूलती। देश के इतिहास में साल 2008 का वह आतंकी हमला सबसे भयावह हमला था जिसने कई लोगों की शहादतें तो लीं ही, सदियों की टीस भी दे गया। इस आतंकी घटना ने विश्व में आतंकवाद और पाकिस्तान की आतंकवादी गतिविधियों को एक बार फिर दुनिया के सामने बेनकाब कर दिया था।

सन्देश

अपने मीडिया के अनुभव पर मैं यही कहना चाहूँगी कि मीडिया में आने वाले पत्रकारों को पूरी निष्ठा के साथ काम करना चाहिए। जो सही है और जो देश के हित में है, ऐसी बातों का विशेषकर ध्यान रखना चाहिए।

क्षमा शर्मा

जिस समय में महिलाओं का घर से बाहर निकलकर काम करना बहुत ही विरल और कठिन माना जाता था, ऐसे समय में पत्रकारिता और लेखन में एक कम उम्र की लड़की का अपने लिए जगह बनाना अपने आप में एक सराहनीय क़दम है। जी हाँ, मैं बात कर रही हूँ बच्चों की वरिष्ठ और प्रसिद्ध लेखिका डॉ. क्षमा शर्मा की। क्षमा जी साहित्य और पत्रकारिता में पीएच.डी. हैं, लेकिन उन्हें अपने नाम में डॉ. शब्द जोड़ना पसन्द नहीं। क्षमा जी बताती हैं कि पत्रकारिता की दुनिया में आने और लेखन के बड़े समुद्र में अपनी जगह बनाने में सफल होने का श्रेय उनकी माँ को जाता है। उनका कहना है कि उनकी माँ एक आम गृहिणी होने के बावजूद एक सशक्त महिला थीं, जो अपने अधिकारों और दायित्वों को भली–भाँति जानती थीं। एक लड़की को औलाद के रूप में पाकर उनकी माँ उतनी ही खुश थीं, जितना लोग उस समय लड़के के पैदा होने पर होते थे। शायद यही कारण है कि क्षमा जी की कहानियों और उपन्यासों में स्त्री पक्ष बहुत मज़बूत रहता है और बच्चों को भी ख़ूब प्रमुखता मिलती है। क्षमा शर्मा की प्रारम्भिक पढ़ाई कन्नौज और फर्रुख़ाबाद में हुई। छह भाई–बहनों में वह सबसे छोटी थीं। सबसे बड़े भाई कॉलेज में पढ़ाते थे और उन्हीं के मार्गदर्शन में सभी भाई–बहनों ने उच्च शिक्षा ग्रहण की।

प्रश्न–आपके छात्र जीवन का वह यादगार पल जिसने आपको एक पत्रकार बनने् की प्रेरणा दी हो। क्या उस समय आपको पता था कि आप एक सफल पत्रकार और एक प्रसिद्ध लेखिका बन जायेंगी?

उत्तर–भविष्य के बारे में किसी को आख़िर कहाँ पता होता है। उस ज़माने में लड़कियाँ अपने करियर को लेकर आज जितनी जागरूक नहीं थीं। इसके अलावा मेरे परिवार में अधिकांश भाई–बहन यूनिवर्सिटी–कॉलेज में पढ़ाते थे तो मैं भी वही करना चाहती थी। हमारे परिवार में शिक्षा को बहुत महत्त्व दिया जाता था चाहे फिर वह एक लड़के की हो या फिर एक लड़की की। घर में लड़के–लड़कियों का कोई भेद नहीं था। न हम पर ऐसी कोई पाबन्दी थी कि लड़कों से बात नहीं कर सकते, उनसे मिल–जुल नहीं सकते। हालाँकि समाज में तब इस तरह के वातावरण में पल रही लड़कियों को सन्देह की नज़रों से देखा जाता था और उन्हें लेकर तरह–तरह की बातें की जाती थीं। लड़कियों को इस तरह की गॉसिप से बहुत परेशानी होती थी। लेकिन घर वाले चूँकि एक मज़बूत दीवार की तरह पीछे खड़े रहते थे इसलिए सबसे मुक़ाबला करने का हौसला भी बढ़ता था।

लिखने का शौक़ बचपन से था। बड़े भाई साहित्य में बहुत दिलचस्पी रखते थे। वे अक़सर लेखकों के बारे में बातें करते। आत्मकथाओं की बातें होतीं। उस समय मैं छठी कक्षा में पढ़ती थी। रेलवे क्वार्टर के बाहर गाय–भैंसों के लिए बनाया गया टीन की छत का बाड़ा था। दिन में वे घास चरने चली जाती थीं। तो एक दिन मैंने अपनी लाइन वाली कॉपी में आत्मकथा लिखनी शुरू की। लाल पेन की स्याही अब तक याद है। पाँच–छह लाइनों की इस आत्मकथा में लिखा था कि मेरा जन्म कब कहाँ हुआ था। स्कूल पत्रिका में कविताएँ भी छपती थीं। फिर मैं बड़े भाई के पास दिल्ली पढ़ने आ गयी। 1975 की बात है, छुट्टियों के दिन थे। गाँव में फ़र्श पर लेटी थी। घर में एक बड़ा–सा रेडियो था जो बीच वाले भाई की शादी में मिला था। उन दिनों घर में रेडियो होना बड़ी बात थी और बिजली होना उससे भी बड़ी। तो रेडियो पर एक ख़बर सुनी कि यह अन्तरराष्ट्रीय महिला वर्ष है। बस न जाने क्या सूझा कि कॉपी और पेन लेकर बैठ गयी। एक लेख लिखा–अन्तरराष्ट्रीय महिला वर्ष एक और विकल्प। और अमर उजाला अख़बार के आगरा के पते पर भेज दिया। दो–तीन दिन बाद मेरे जीजाजी घर आये। उनके हाथ में अख़बार था। कहने लगे–गुड़िया तुमने कोई लेख लिखा था। मैंने कहा–हाँ। बोले–लो तुम्हारा लेख छपा है। अब तो तुम बड़ी लेखिका बन गयीं। और उसके बाद उस अख़बार को सँभालकर रख लिया गया। घर में जो भी आता

उसे वह अख़बार दिखाया जाता और सब ऐसे दिखाते जैसे कि कोई चमत्कार हो गया हो। माँ के लिए तो वैसे भी लेखक बनना दुनिया का सबसे बड़ा काम था। तुलसीदास और जयशंकर प्रसाद उनके प्रिय लेखक थे। पहले लेख के छपने के बाद जैसे मुझे लगा कि अब बस यही करना है। दिल्ली लौटकर मैं तमाम अख़बारों के दफ़्तरों में जाने लगी। बहुत से अच्छे लोग मदद करने लगे। काम मिलने लगा। फिर कुछ दिन बाद हिन्दुस्तान टाइम्स की पत्रिका नन्दन में ट्रेनी के लिए आवेदन माँगे गये। साप्ताहिक हिन्दुस्तान में काम करने वाली पत्रकार सुश्री शुभा वर्मा ने मेरी बहुत मदद की और मुझे नौकरी मिल गयी। एक बार नौकरी क्या मिली मैं जीवन भर वहीं काम करती रही। नौकरी के साथ मेरा लिखना–पढ़ना और परिवार भी चलता रहा।

प्रश्न–आपने 40 साल पहले उच्च शिक्षा प्राप्त की वह भी पत्रकारिता जैसे विषय में उस समय आपके भाई के अलावा आपका रोल मॉडल कौन था? (दिल्ली, जवाहरलाल नेहरू और जामिया मिलिया इसलामिया) का अपना कोई रोचक अनुभव हमसे शेयर करें?

उत्तर–मेरे रोल मॉडल हमेशा मेरे बड़े भाई और मेरी माँ रहीं। हाँ, शादी के बाद अपने पति डॉ. सुधीश पचौरी का जो सहयोग मिला, काश! कि सभी लड़कियों के साथ ऐसा हो पाता। उनके लिए मेरा लिखना–पढ़ना, जो चाहती हूँ वह करना ही हमेशा महत्त्वपूर्ण रहा। यहाँ तक कि बच्चों को पालने, उनकी देखभाल में भी उनका ज़बर्दस्त योगदान था। फिर जिस तरह से मेरी शादी हुई– सुधीश जी ने घरवालों से कह दिया कि वह ढोल–नगाड़े वाली शादी नहीं करेंगे। न ही शादी में कोई दावत या उपहारों का आदान–प्रदान होगा। इसलिए हमारा विवाह कोर्ट में हुआ और शादी में सिर्फ़ पन्द्रह रुपये ख़र्च हुए, वह भी उन्होंने ही दिये। यहाँ तक कि छोटे भाई श्री इन्द्रस्वरूप शर्मा एक मिठाई का डिब्बा ले आये। उनका कहना था कि यह दोस्तों के लिए है। सुधीश जी ने उसे भी लेने से इनकार कर दिया। कहा कि अगर दोस्तों को मिठाई खिलानी होगी तो वह ख़ुद खिलायेंगे। बराबरी की बातें बहुत से लोग मंच से करते रहते हैं और पति के रूप में घर में तानाशाह होते हैं, सुधीश जी घर में भी वही हैं जैसे कि मंच पर–बेहद गम्भीर और सुलझे हुए। हाँ उनका सेंस ऑफ़ ह्यूमर ग़ज़ब का है और बच्चे भी इसलिए उनके दोस्त और ज़बर्दस्त फ़ैन हैं। जब बच्चे छोटे थे और कई बार जब दफ़्तर से लौटती थी

और बच्चों से पूछती थी कि खाना क्यों नहीं खाया तो वे इठलाकर कहते थे हमने पापा से ब्रेड पकौड़ा बनवाकर खा लिया था। अक्सर ही सुधीश जी मुझसे आग्रह करते हैं कि उनके हाथ का पराँठा खाकर देखूँ। उन्हें लगता है कि मेरी प्राथमिकताओं का सम्मान किया जाना चाहिए। ऐसा उन्होंने हमेशा किया भी है। आप कह सकती हैं कि वह भी मेरे रोल मॉडल और बेहतरीन मित्र हैं। इसीलिए जीवन में मुझे कभी अलग से दोस्तों को खोजने की ज़रूरत नहीं पड़ी।

जेएनयू में एक बार मैं सुधीश जी के साथ जा रही थी तो वहाँ अचानक मुझे अपने बचपन की अध्यापिका मिल गयीं। तभी वहाँ बहुत से स्टूडेंट यूनियन के सदस्य आ गये। वे बातें करने लगे। देर तक वह अध्यापिका मुझे देखती रहीं। उसके बाद मेरे पास आकर फुसफुसायीं–इन लड़कों के बीच तो तुम बड़ी पॉपुलर नज़र आ रही हो। उनकी आँखों में सन्देह के तमाम पौधे उग रहे थे। मुझे इस पर हँसी आ गयी, मैंने कहा–मिस मिलिए, ये मेरे पति सुधीश पचौरी हैं।

उनका मुँह खुला रह गया–अरे तुम्हारी शादी कब हुई। पता ही नहीं चला।

जी कोर्ट में हुई थी।

अच्छा तो क्या घर से भागकर की थी।

नहीं, अपने भाइयों की गवाही में की थी मिस।

भई तुम लोग बड़े एडवांस हो। मैं तो अपने बच्चों के बारे में ऐसा सोच भी नहीं सकती। उसके बाद वह कई बार मिलीं लेकिन मुझे देखकर बचकर निकल गयीं जैसे कि कोर्ट में शादी करना कोई अपराध हो।

18 साल की कम उम्र में लेखन की दुनिया में अपना लोहा मनवाने वाली क्षमा शर्मा ने पहली किताब 'परी ख़रीदनी थी' बच्चों के लिए सन् 1982 में लिखी। इस दौरान उनका कहानी संग्रह 'काला क़ानून' भी प्रकाशित हुआ। क्षमा जी आज बाल साहित्य की सबसे वरिष्ठ लेखिकाओं में से एक हैं। वह 37 वर्षों तक बच्चों की पत्रिका नन्दन से जुड़ी रहीं। बच्चों के मन को समझकर और उनकी जिज्ञासाओं का निदान करते–करते कहानी गढ़ देना उनकी सबसे बड़ी विशेषता है। उनके अब तक 17 बाल उपन्यास और 12 बाल कहानी संग्रह प्रकाशित हो चुके हैं। इसके अलावा स्त्री

विषयों पर लेखन की वह विशेषज्ञ हैं। बड़ों के लिए 10 कहानी संग्रह और 4 उपन्यासों के साथ स्त्री विषयों पर भी उनकी पाँच किताबें आ चुकी हैं।

प्रश्न—आपकी पहली किताब का कोई रोचक अनुभव। हम आपसे जानना चाहते हैं कि कैसे आप बच्चों के मन को पढ़कर उनके लिए इतना सजीव लेखन कर लेती हैं। किसी बच्चे के साथ अपने अनुभव को हमारे साथ साझा करें, जिसने आपके बच्चों के लेखन में एक अहम भूमिका अदा की हो?

उत्तर—पहली किताब का शीर्षक 'काला क़ानून' था। इस नाम से कहानी 1979 में मशहूर पत्रिका 'सारिका' के नवलेखन अंक में छपी थी। पत्रिका का यह अंक जिस दिन आया उसी दिन मेरे बेटे का जन्म हुआ। बच्चे के जन्म के बाद जब मुझे वार्ड में शिफ्ट किया गया तो सुधीश जी मुझसे मिलने आये। उनके हाथ में सारिका थी। कहने लगे—लो तुम्हारी कहानी छप गयी है। उन दिनों किसी भी लेखक के लिए सारिका में छपना बहुत बड़ी बात थी। मेरे भाई—बहन और माँ भी वहाँ थे। वे सब बहुत ख़ुश हुए। कहने लगे—भई यह तो दो बार मिठाई खिलाने की बात हो गयी। मेरे बच्चे भी मेरा लिखना—पढ़ना बहुत पसन्द करते हैं। जब वे छोटे थे और मैं कुछ लिख रही होती तो अपने आप ही आपस में धीरे—धीरे बात करते थे, बिल्ली की तरह धीरे—धीरे चलते थे। और दोनों में से कोई अगर ज़ोर से बोलता था तो दूसरा उसे चुप कराता था कि मम्मी को डिस्टर्ब मत करो। हालाँकि उनके शोरगुल, ऊधम या माँगों से मैंने कभी परेशानी महसूस नहीं की।

बच्चों के लिए लिखने में मुझे अक्सर ही किसी फूल, पौधे, किसी बच्चे की कोई शरारत, या किसी की कही गयी बात से कहानी सूझ जाती है। बच्चों के साथ मैं ख़ुद भी वैसी ही बन जाती हूँ। मैंने बहुत से स्टोरी टैलिंग सेशन भारत भर में किये हैं। बच्चों के साथ उन्हीं की रफ़्तार से भागते हुए कहानी बुनना बहुत मज़ेदार अनुभव होता है। कुछ साल पहले मैं चण्डीगढ़ गयी थी। वहाँ बहुत से किशोर बच्चे थे। वहाँ जब कहानी बुनना शुरू किया तो बड़े से हॉल में सारे बच्चे नाचने लगे, गाने लगे। उनमें से एक बच्चा मेरे सामने घुटनों के बल वैसे ही बैठ गया जैसे कि किसी को प्रपोज़ कर रहा हो और उस समय बजाय नाराज़ होने के मैं भी बच्चों के साथ नाचने लगी। पूरा हॉल हँस—हँसकर लोट—पोट हो गया।

ऐसे अनेक अनुभव मिलते हैं जो नित नये होते हैं और बहुत ऊर्जा भी देते हैं।

क्षमा जी उन चुनिन्दा पत्रकारों में से एक हैं, जिन्हें अख़बार, पत्रिका, पुस्तकों के अलावा टेलीविज़न और रेडियो में भी सफलता मिली है। सन् 1974 में उन्हें दूरदर्शन के लिए कार्यक्रम करने का मौक़ा मिला वहीं रेडियो के लिए भी तभी से कार्यक्रम करके उन्होंने सफलता दर्ज करायी।

प्रश्न—आपको टेलीविज़न और रेडियो के लिए काम करने का अवसर कैसे प्राप्त हुआ। कृपा करके अपना अनुभव पाठकों के साथ साझा करें।

उत्तर—मैं 1975 में देशबन्धु कॉलेज में पढ़ती थी। उन दिनों श्रीमती राजकुमारी प्रसाद वहाँ हिन्दी पढ़ाती थीं। वहीं मेरे बड़े भाई डॉ. रामस्वरूप शर्मा भी हिन्दी पढ़ाते थे। श्रीमती प्रसाद उन दिनों रेडियो नाटकों में काम करने वाली सशक्त अभिनेत्री थीं। उनका बहुत नाम था। मैं कॉलेज के नाटकों में ख़ूब अभिनय करती थी। भाषण प्रतियोगिताओं में ढेरों इनाम जीतती थी। श्रीमती प्रसाद ही एक दिन मुझे आकाशवाणी भवन ले गयीं। वहाँ युववाणी कार्यक्रम करने वाले लोगों से मुझे मिलवाया। वहाँ पहला कार्यक्रम किया और उसके पन्द्रह रुपये मिले। तब से आज तक रेडियो की तमाम यूनिट्स में कार्यक्रम जारी है। आज सोचती हूँ तो वे पन्द्रह रुपये इतनी ज़्यादा रक़म थी कि पूरे महीने का ख़र्च आराम से निकाला जा सकता था। दफ़्तर के अन्तिम वर्ष में एक बार मैंने युवा पीढ़ी को बताया था कि तब एक रुपये में आने–जाने, खाना खाने, चाय पीने, पान खाने के बाद भी कुछ पैसे बचाये जा सकते थे। लाखों कमाने वाले युवा इस बात को सुनकर अचम्भित रह गये। आज तो अगर किसी दुकानदार के पास आपका एक रुपया बच जाये तो वह वापस नहीं करता। आप वापस माँगते भी नहीं मगर चालीस साल पहले एक रुपये में भी आप मज़े से दिन काट सकते थे। टीवी का पहला कार्यक्रम 'उपग्रह' दूरदर्शन केन्द्र के लिए किया था। तब ये कार्यक्रम विज्ञान भवन में बनते थे। तभी से टीवी के कार्यक्रमों में भी हिस्सा लेने लगी। और अब तो यह भी याद नहीं कि कितने कार्यक्रम किये होंगे।

प्रश्न—आपका विवाह सुधीश जी से हुआ जो ख़ुद इलेक्ट्रॉनिक मीडिया के विशेषज्ञ माने जाते हैं। एक पत्नी, एक माँ और एक प्रसिद्ध लेखिका, इन सभी भूमिकाओं को आप सफलता से कैसे निभा पाती हैं।

मीडिया और लेखन की दुनिया में आने वाली युवा पीढ़ी को आप क्या सन्देश देना चाहती हैं?

उत्तर–मुझे लगता है कि जीवन में अपने समय के सदुपयोग यानी टाइम मैनेजमेंट का बहुत महत्त्व है। मैंने अपने घर के सभी काम लम्बे अरसे तक ख़ुद किये हैं। सवेरे खाना पकाना, नाश्ता बनाना, बच्चों को स्कूल भेजना, सबके लिए खाना पैक कर्ना, घर का झाड़ू–पोंछा–बरतन ख़ुद करना और सवेरे सवा नौ बजे की चार्टर्ड बस से दफ़्तर के लिए निकल जाना और फिर लौटकर खाना पकाना और सवेरे की तैयारी करना। घर में सहायिका रखने का ख़याल तब आया जब मेरे बेटे की शादी होने लगी। मुझे लगा कि दूसरे की बच्ची जो नौकरी भी करती है वह यहाँ झाड़ू–पोंछा क्यों करे। लेकिन खाना पकाना और घर का काम मेरे लिए बोझ नहीं बल्कि अपने परिवार के साथ इमोशनल बॉडिंग का साधन है। किसको क्या पसन्द है, कितना नमक, चीनी यह सब मुझसे अच्छा कोई नहीं जानता। दूसरों को पकाकर खिलाने का भी मुझे बहुत शौक़ है। तरह–तरह के अचार भी ख़ूब बनाती हूँ। एक बार सालों पहले जागरण अख़बार से एक लड़की इंटरव्यू करने आयी थी। उसने पूछा कि आप कहानियाँ कब सोचती हैं। मैंने कहा जब मैं रोटी बेल रही होती हूँ। रसोई में मैंने पर्चियाँ टाँगी हुई हैं। जब भी कोई आइडिया आता है, उसी पर लिख लेती हूँ तो आइडिया भूलने की असमय मौत से भी बच जाता है और कई बार उस पर कोई कहानी लिखी जाती है। लेखों के विषय में भी मैं ऐसा ही करती हूँ।

युवा पीढ़ी के लिए क्या सन्देश दूँ। यह पीढ़ी हमसे बहुत आगे है। यह स्पीड की पीढ़ी है, लेकिन स्पीड में कभी–कभी ब्रेक लगाने चाहिए। ट्रैफिक पुलिस का नारा हमेशा याद रखना चाहिए–स्पीड थ्रिल्स बट किल्स।

पुरस्कार : क्षमा शर्मा को अब तक सूचना और प्रसारण मन्त्रालय के भारतेन्दु हरिश्चन्द्र पुरस्कार, हिन्दी अकादमी के दो पुरस्कार; बाल कल्याण संस्थान, कानपुर, इंडो रूसी क्लब, नयी दिल्ली और सोनिया ट्रस्ट, नयी दिल्ली के पुरस्कारों से सम्मानित किया जा चुका है।

देवप्रीत सिंह

"आप अपने हर काम को शिद्दत से करो और जीवन में जैसे भी हालात हों उनका डटकर सामना करो", यह कहना है देवप्रीत सिंह का। दूरदर्शन में डायरेक्टर के पद पर रह चुकी देवप्रीत सिंह भारतीय सूचना सेवा (प्रशासनिक सेवा) में 1992 बैच की अफ़सर हैं। जनसम्पर्क में अपनी रुचि के चलते वे मीडिया से जुड़ी सेवा में आयीं। चण्डीगढ़ विश्वविद्यालय से राजनीतिशास्त्र में ऑनर्स के साथ–साथ वकालत की पढ़ाई करने वाली देवप्रीत को बचपन से ही प्रशासनिक सेवा में आने की दिलचस्पी थी, जिसमें परिवार का भी पूरा सहयोग मिला।

अपने करियर की कहानी वह यूँ बयाँ करती हैं–वित्त मन्त्रालय में अपनी पहली नियुक्ति में मुझे तत्कालीन वित्तमन्त्री डॉ. मनमोहन सिंह के साथ काम करने का मौक़ा मिला। प्रेस सूचना कार्यालय दिल्ली में 1994 में अपने करियर की शुरुआत की। अन्य मन्त्रालयों के अलावा रसायन एवं उर्वरक मन्त्रालय में भी काम करने का अवसर मिला।

कुछ वर्ष के बाद, युवा एवं खेल मन्त्रालय में मुझे उपसचिव के पद पर काम करने का गौरव प्राप्त हुआ। मुझे याद है कि वीवीएस लक्ष्मण (क्रिकेटर) को अर्जुन पुरस्कार मिला था। किसी कारणवश वे अपना पुरस्कार राष्ट्रपति से लेने नहीं आ सके। लक्ष्मण इतने प्रसिद्ध और लोकप्रिय होने के बावजूद बाद में सीधे मेरे कमरे में आये और अपने पुरस्कार को लेकर चले गये। इतनी उपलब्धियाँ प्राप्त करने वाले वयक्ति की विनम्रता से बहुत कुछ सीखने को मिलता है।

सुनील दत्त जब खेलमन्त्री थे उनके साथ भी काम करने का सौभाग्य प्राप्त हुआ। देवप्रीत सिंह कहती हैं, "कई बार वह अपनी प्रिय पत्नी के क़िस्से सुनाते थे। साथ में यह भी बताते थे कि कैसे नरगिस ने कैंसर का दर्द सहा।"

ओलम्पिक मशाल जब दिल्ली आयी, तो बड़े–बड़े सितारे खेल मन्त्रालय आये। इस दौरान मेरी मुलाक़ात आमिर ख़ान और रानी मुखर्जी से हुई। राहुल द्रविड़, वीरेन्द्र सहवाग जैसे बड़े क्रिक्रेट सितारों से भी इसी दौरान भेंट हुई। अर्जुन अवार्ड की सब तैयारियों की इंचार्ज मैं ही होती थी और इस दौरान सभी ख्यातिप्राप्त खिलाड़ियों से मिलने का मौक़ा मिलता था।

एक दिलचस्प क़िस्सा नागालैंड में हुआ जब मैं खेल मन्त्रालय की तरफ़ से एक निरीक्षण के लिए गयी और तीन दिनों तक विद्रोहियों की वजह से दीमापुर के एक होटल में ही फँस गयी क्योंकि एयर इंडिया की कोई भी उड़ान वे वहाँ उतरने नहीं दे रहे थे। खेल मन्त्रालय में काम करने के दौरान मुझे पाकिस्तान जाने का भी अवसर मिला। वहाँ के लोगों ने गर्मजोशी के साथ हमारा स्वागत किया। वहाँ पर हिन्दी फ़िल्मेंऔर टीवी धारावाहिक नौजवानों में बहुत लोकप्रिय थे। जब हमने अन्ताक्षरी खेली तो वहाँ के युवाओं को हमसे अधिक हिन्दी गानों की जानकारी थी।

जापान के ओसाका शहर में मुझे शिक्षाविदों और प्रशासकों के शिष्टमण्डल की प्रमुख के रूप में जाने का अवसर मिला। जापान के लोग अपने देश की सभ्यता और भाषा को लोगों के बीच प्रोत्साहित करने के लिए समय–समय पर कार्यक्रमों का आयोजन करते हैं। हमारे दल में मेरी एक मित्र थीं गीतांजलि जो काफ़ी दिलचस्पी से जापानी सीख रही थीं। एक दिन एक मज़ेदार वाक़या हुआ, हम दोनों जापानी भाषा की क्लास के बाद लिफ़्ट में जा रहे थे। लिफ़्ट में हमारे साथ दो और लोग थे, उनसे मेरी मित्र जापानी में बात करने लगीं, ऐसे में वे दोनों बोले मैम हमें तो आप भारतीय लग रही हैं और हम नेपाली हैं, फिर आप हमसे किस भाषा में बात कर रही हैं? इस वाक़ये को लेकर मैं आज तक उसे चिढ़ाती हूँ।

रेडियो में मुझे काम करने में बहुत मज़ा आता है वहाँ मैंने 2009 से अक्टूबर 2012 तक काम किया। वहाँ जाते ही मुझे प्रधानमन्त्री डॉ. मनमोहन सिंह के साथ जी–8 सम्मेलन में इटली जाकर रिपोर्टिंग करने का मौक़ा मिला।

सबसे दिलचस्प अनुभव था नवनिर्मित राष्ट्र दक्षिण सूडान में उपराष्ट्रपति हामिद अंसारी के साथ जाकर रिपोर्टिंग करना। सबसे पहले ऑल इंडिया रेडियो ने दक्षिण सूडान के स्वतन्त्रता दिवस की कवरेज जनता तक पहुँचायी थी।

2005–2006 के दौरान खेल मन्त्रालय में काम करते हुए कार्यस्थल पर महिलाओं की सुरक्षा के लिए कमेटी बनायी गयी जिसमें मुझे अध्यक्ष बनाया गया। कमेटी के द्वारा किये गये कार्यों में हमने दिल्ली पुलिस के साथ सहयोग करके महिलाओं की आत्मरक्षा के लिए प्रशिक्षण की व्यवस्था की। उसमें शास्त्री भवन के सरकारी अधिकारी ही नहीं स्थानीय महिलाएँ भी प्रशिक्षण ले सकती थीं। मन्त्रालय के सचिव मुझे देखते ही कहते थे– हेलमेट पहन लो सब मर्द, देवप्रीत मैम आ गयी हैं। इस दौरान एक केस की भी मैंने तहक़ीक़ात की। त्रिवेन्द्रम की दो विधवा महिला अधिकारियों को उनके सीनियर्स के द्वारा उत्पीड़ित किये जाने का मामला सामने आया। इस मामले में 4 अधिकारियों को निलम्बित किया गया। मुझे यह कहते हुए दुख होता है कि आज भी हमारे यहाँ सरकारी और ग़ैर–सरकारी संगठनों में महिलाओं के साथ अवमानना जारी है। उनके लिए सुरक्षा और काम करने का उचित माहौल नहीं है। महिलाएँ पारिवारिक और करियर की दोहरी भूमिका निभा रही हैं। ऐसे में मेरा मानना है कि महिलाओं को ऑफ़िस में सकारात्मक माहौल मिलना चाहिए। मैं स्वयं को भाग्यशाली मानती हूँ कि मेरा इस समिति से हमेशा सम्बन्ध रहा है।

मेरा सभी से अनुरोध है कि महिलाओं को अन्य इन्सानों की तरह ही समझें, पुरुष से ज़्यादा या कमतर नहीं। महिलाओं की पुरुषों से न तो कोई प्रतियोगिता है, न ही तुलना।

दूरदर्शन में बिज़नेस निदेशक के रूप में कार्य करते हुए मैंने बॉम्बे स्टॉक एक्सचेंज से सहयोग करते हुए एक दैनिक बिज़नेस प्रोग्राम शुरू किया। यह कार्यक्रम बहुत सफल रहा और इससे बहुत–सा राजस्व भी प्राप्त हुआ। मैंने अपने डीजी एस.एम.ख़ान के सहयोग से सभी महत्त्वपूर्ण खेलोंऔर मैचों पर विशेष कार्यक्रम प्रस्तुत किये।

एक पत्रकार के तौर पर निर्भया गैंग रेप ने मुझे झकझोर कर रख दिया। इस बीभत्स घटना से मुझे लगा कि अभी भी भेड़िये खुलेआम घूमते हैं, जिन पर लगाम लगाना ज़रूरी है। मीडिया इसमें बहुत रचनात्मक भूमिका निभा सकता है। महिलाओं के पत्रकारिता में आने के लिए मैं

बस इतना ही कहना चाहती हूँ कि काम के लिए हमेशा तैयार रहें और हिम्मत से काम करें। साथ ही यह हमेशा ध्यान रखें कि मीडिया का काम टीआरपी के लिए नहीं बल्कि दुनिया को सच्चाई दिखाने के लिए है। सबसे बड़ी बात, कार्यस्थल पर भूल जायें कि आप महिला हैं, जो भी काम दिया जाये उसे पूरी निष्ठा से पूरा करें।

एक और चुनौतीपूर्ण कार्य जो मुझे सौंपा गया वह था केन्द्रीय अन्वेषण ब्यूरो की प्रवक्ता का। इसमें मेरी भूमिका मीडिया के सामने सीबीआई को प्रस्तुत करने की थी। इस दौरान कई रोचक क़िस्से हुए जिनमें से एक था कुख्यात गैंगस्टर छोटा राजन का इंडोनेशिया से भारत प्रत्यर्पण। सीबीआई हमेशा लोगों की नज़रों में रहती है और इसकी प्रशंसा की जगह आलोचना अधिक होती है। जब विजय माल्या कथित रूप से बैंकों से ठगी (फ्रॉड) कर देश से भागा तो सीबीआई सब की निगाहों में थी और मुख्य रूप से मैं। उस समय सीबीआई का तनाव आज एक दुःस्वप्न की तरह लगता है। छापे (रेड), चिट फंड घोटाले, मीडिया के हर रोज़ के सवाल, साउंड बायस देना, राजनीतिक दबाव के आरोप, आप जो भी नाम लें, मैंने सब झेला।

पिछले वर्ष मैंने फिलीपींस में हुए आसियान (ASIAN) सम्मेलन में प्रधानमन्त्री नरेन्द्र मोदी के साथ यात्रा की। एयर इंडिया 'वन' में यात्रा करने का यह अनुभव बहुत ही सुखद और विशेष था, तेज़ी से हो रही गतिविधियों के बीच स्वयं की उपस्थिति मेरे दिल की धड़कनें बढ़ा रही थी। अब मैं आकाशवाणी चण्डीगढ़ के प्रादेशिक समाचार 'एकांश' की प्रमुख हूँ। यह एक बिल्कुल अलग ही मज़ेदार अनुभव है। राष्ट्रीय एवं अन्तरराष्ट्रीय समाचार के स्तर से अब मेरा फ़ोकस क्षेत्रीय हो गया है, विशेषकर पंजाब, हरियाणा और केन्द्रशासित प्रदेश चण्डीगढ़ का।

निधि कुलपति

मीडिया में दो दशक से लम्बा सफ़र तय करने वाली एक ऐसी हिन्दी पत्रकार, जो आज की चकाचौंध भरी इस भीड़ में भी अलग नज़र आती हैं। जी हाँ, मैं बात कर रही हूँ, एनडीटीवी में एसोसिएट एडिटर एवं एंकर निधि कुलपति की। एक निजी न्यूज़ चैनल में होने के बावजूद वे ख़बरें पढ़ते समय हमेशा साड़ी पहनती हैं और इस तरह उन्होंने भारतीय परम्परा को जीवित रखा है। 1991 से पत्रकारिता से जुड़ी निधि का कहना है कि दिल्ली विश्वविद्यालय से राजनीति विज्ञान में एम.ए. करने के बाद उन्होंने 'इंडिया टुडे' के न्यूज़ ट्रैक से अपने करियर की शुरुआत की। इसके बाद उन्होंने 1992 में इंटरनेशनल प्राइम टाइम नेटवर्क के साथ बतौर एक रिपोर्टर काम किया।

निधि अपने पत्रकारिता के सफ़र में बारे में यूँ बताती हैं,–इंटरनेशनल प्राइम टाइम नेटवर्क के साथ बतौर एक रिपोर्टर काम करते हुए हमें हर विषय पर रिपोर्टिंग के लिए भेजा जाता था। किसी विषय को हम न नहीं कह सकते थे। जैसा कि हर किसी के साथ शुरुआती दिनों में होता है। शुरुआत में ही मुझे बाबरी मस्जिद जैसा प्रोजेक्ट करने को मिला। तो हुआ यूँ कि हम रवि शर्मा, साउंड रिकॉर्डर, कैमरामैन और वाहनचालक की अपनी टीम को लेकर अयोध्या पहुँचे। वहाँ जाकर हमनेराष्ट्रीय स्वयंसेवक संघ के गिरिराज किशोर, मुक्तिवाहिनी की ओर से देश के कोने–कोने से आयी लड़कियों वग़ैरह का साक्षात्कार करना शुरू कर दिया। इतने में अचानक से वह घटना कब घट गयी कुछ पता नहीं, बस चारों ओर

हड़कम्प और शोरशराबा। बस सबको अपनी जान बचाने की पड़ी थी। जैसा कि आप जानते ही हैं कि आज भी बाबरी मस्जिद से जुड़ी घटना के आपको केवल स्टिल फ़ोटोग्राफ़ ही मिल पायेंगे, क्योंकि मीडिया के सब लोगों के कैमरे तोड़ दिये गये थे। विदेशी मीडिया के पत्रकारों, कैमरामेंस और फ़ोटोग्राफ़रों को अपनी जान बचाना मुश्किल हो रहा था और वे लोग अपनी–अपनी टीम से बिछड़ गये थे। वे लोग पुलिस को अपनी बात तक नहीं समझा पा रहे थे, क्योंकि वहाँ की पुलिस उनकी भाषा नहीं समझ पा रही थी। ऐसे में मैंने उनकी मदद करने की कोशिश की। ख़ैर, किसी तरह हम वहाँ से निकले और फिर बाद में सबने अपनी–अपनी टीम को तलाशा।

इस घटना के गवाह रहे बहुत कम पत्रकारों में अपना नाम आने पर उस समय बहुत ख़ुशी होती थी। कुछ समय बाद निर्देशक राजू वर्धराजन दुबई सेआये थे। फिर 1995 में देश का सबसे पहला न्यूज़ चैनल ज़ी न्यूज आया, जिसमें मैंने साक्षात्कार दिया और दिसम्बर तक काम करने के बाद चैनल ने मुझे प्रशिक्षण के लिए 1995 में लन्दन के स्काई टीवीभेज दिया। इस तरह निजी न्यूज़ चैनल में मेरे करियर की शुरुआत हुई। इसके बाद दर्शकों की शुभकामनाओं से मैंने मीडिया में अभी तक का अपना सफ़र तय किया है। लक्ष्मण डालमिया के साथ मुस्लिम समाज पर 13 एपिसोड बनाये। 1996 में दोबारा ज़ी न्यूज़ में काम शुरू किया। फिर बेटे अक्षत के लिए कुछ समय के लिए मीडिया से ब्रेक ले लिया। मेरे जीवन में हमेशा मेरी माँ ने हर परिस्थिति और समय में मेरा साथ दिया है, जो आज तक क़ायम है।

ख़ैर 2003 में एनडीटीवी इंडिया की शुरुआत हुई, तब से मैं यहीं हूँ। मुझे अपना यह संस्थान बिल्कुल घर जैसा लगता है। जहाँ आप अपनी इच्छा से, ज्ञान से कुछ भी कर सकते हैं, आपको पूरी आज़ादी है। मुझे लगता है कि अगर आप अपने सिद्धान्तों से समझौता नहीं करते, तो हो सकता है कि आपको किसी भी प्रोफ़ेशन में वो पद या मंज़िल न मिले, जो आपने चाही हो, पर आप यक़ीन मानिए कि अगर लगातार काम और काम के प्रति निष्ठा आप में है, तो ये मेरा निजी अनुभव है कि आप सफल होंगे।

पत्रकारिता के क्षेत्र में नये आने वाले पत्रकारों से मैं बस इतना ही कहना चाहूँगी कि मीडिया में आने से पहले 10 बार सोचें। यह चकाचौंध भरी और केवल पैसा कमाने की दुनिया बिल्कुल नहीं है।

यादगार पल

निर्भया मामले पर मुझे दिल्ली के इन्द्रप्रस्थ कॉलेज में आयोजित एक कार्यक्रम के दौरान बुलाया गया था। वहाँ अपने सम्बोधन में मुझे साल 1974 में पूर्व प्रधानमन्त्री इन्दिरा गाँधी के भाषण की वो पंक्तियाँ याद आती हैं, जिसमें उन्होंने कहा था कि राजधानी में 7 साल की बच्ची भी सुरक्षित नहीं है। इन्दिरा जी ने बताया था, कि कैसे वो जब पुरानी दिल्ली में रहती थीं, तो साड़ी पहनकर निकलती थीं। उसमें आपकी उँगली भी नज़र नहीं आनी चाहिए। यहाँ तक कि बाहर जाने के लिए जब डोली की जाती थी, तो कैसे डोली में बैठकर फिर डोली के ऊपर शॉल डालकर हम निकलते थे। इससे आप अन्दाज़ा लगा सकते हैं कि हमारी राजधानी महिलाओं के लिए कितनी सुरक्षित रही है। पत्रकार को अपना किया हर काम पसन्द होता है, पर एनडीटीवी में हम 2005 में एक कार्यक्रम करते थे, जो आज भी मेरे दिल के बहुत क़रीब है, 'मुख्यमन्त्री चले गाँव', इसमें हम किसी भी राज्य के मुख्यमन्त्री को राज्य एक छोटे से गाँव ले जाकर वहाँ की जनता द्वारा समस्याओं को सुनते थे।

मुझे लगता है कि दिल्ली गैंगरेप जैसी घटनाएँ समाज में बसी वे बुराइयाँ हैं, जिनके ख़िलाफ़ मीडिया को कभी भी अपनी आवाज़ को मरने नहीं देना चाहिए। इन विषयों पर हमेशा चर्चा हो, ऐसी घटनाओं को लेकर समाज में जागरूकता का काम करते रहने चाहिए। यहाँ मैं एक उदाहरण और देना चाहूँगी कि आज समाज में पहले के मुक़ाबले काफ़ी जागरूकता आ रही है। तभी आज धर्मगुरुओं जैसे लोगों के ख़िलाफ़ भी लोग अपनी आवाज़ उठाने लगे हैं। एक मीडियाकर्मी होने के नाते हमारा दायित्व है कि एंकरिंग व रिपोर्टिंग में निष्पक्षता हो, ख़बर में एंकर या रिपोर्टर के अपने व्यक्तिगत विचार नहीं होने चाहिए। अपने काम के दौरान समाज के बारे में भी सोचें, अन्यथा हम खोखले साबित होंगे। किसी को नीचा दिखाना पत्रकारों का मक़सद नहीं होना चाहिए। साथ ही अगर पत्रकार लोगों की भावनाओं को समझेंगे, तो बात को बेहतर ढंग से अभिव्यक्त कर पायेंगे। एक ही समाचार पर अलग–अलग चैनल की प्रस्तुति से जुड़े सवाल पर उन्होंने कहा कि हर चैनल का काम करने का अलग तरीक़ा है। टीआरपी महत्त्वपूर्ण है, पर कंटेंट ज़्यादा अहम है। निधि कहती हैं कि 'TED Thapar University' में अपने सम्बोधन में मैंने कहा था,

कि मीडिया और देश के विकास का जो रिश्ता है, उसमें अख़बार, मैगज़ीन, न्यूज़ चैनल और अब सोशल मीडिया भी धीरे–धीरे अपनी भूमिका निभा रहा है। 25 सालों से ज़्यादा समय मीडिया में बिताने के बाद आज मैं यह कह सकती हूँ कि टेलीविज़न ने सैकड़ों नौजवानों को रोज़गार दिया है और इसमें अभी भी अपार सम्भावनाएँ हैं। लेकिन इतने सालों में टेलीविज़न के न्यूज़ कंटेंट के विषय और भाषा में बड़ी गिरावट आयी है। मुझे लगता है कि जैसे पहले कहा जाता था कि टेलीविज़न के आने से अख़बार ख़त्म हो जायेंगे वैसे ही आज लोगों में यह धारणा बनती जा रही है कि धीरे–धीरे टेलीविज़न न्यूज़ के अस्तित्व पर भी सोशल मीडिया हावी हो रहा है। ऐसे दौर में हम सबकी नैतिक ज़िम्मेदारी बनती है कि जिस टेलीविज़न ने हमें अपने ज्ञान और ख़बर की सत्यता की वजह से दर्शकों में लोकप्रिय बनाया, आज हम उस स्तर को जीवित रखने के लिए ख़बरों के कंटेंट और अपने काम में पूरी ईमानदारी रखें।

नीलम शर्मा

मीडिया में दो दशक बिता चुकी नीलम शर्मा को आज कौन नहीं जानता। समाचार को एक गम्भीर काम मानने वाली नीलम शर्मा चकाचौंध भरे मीडिया जगत् में भारतीय नारी की प्रतिमा का आज भी नेतृत्व करती नजर आती हैं। दिल्ली के लेडी श्रीराम कॉलेज से बीए पास करने के बाद नीलम कुछ ऐसा करना चाहती थीं, जिसमें रोज़ कुछ नया हो और साथ ही उसमें लोगों से मिलना भी शामिल हो।

नीलम बताती हैं कि मुझे पता नहीं था कि कॉलेज में वाद–विवाद प्रतियोगिता और कविता का शौक़ एक दिन मुझे टेलीविज़न की दुनिया में ले जायेगा। बचपन से ही सलमा सुल्तान मेरी पसन्दीदा एंकर रहीं। हमेशा उन जैसी बनने के सपने देखा करती थी। कभी गिलास का माइक बना समाचार पढ़ने की एंक्टिंग करती, तो कभी अपने बालों में फूल लगाकर बैठ जाती। तब दूरदर्शन ही एकमात्र टेलीविज़न चैनल था, जो मनोरंजन का साधन था। उस समय दौर ही कुछ अलग था। समाचार देखना और सुनना भी जीवन का एक अभिन्न अंग होता था और उसका असर हमारे जीवन पर भी पड़ता था। जिससे हमें जानकारी, भाषा का ज्ञान और सुन्दरता सब कुछ सीखने को मिलती थी। मुझे लगता है कि सलमा जी की संवाद अदायगी और समाचार पढ़ने का उनका अन्दाज़ बचपन में ही मेरे अन्दर एक एंकर बनने का बीज डाल चुका था।

इस शौक़ को इंडियन इंस्टीट्यूट ऑफ़ मास कम्युनिकेशन की पढ़ाई ने और निखारा। आईआईएमसी से पढ़ाई के बाद मैंने 'नवभारत टाइम्स'

में प्रशिक्षु के रूप में काम किया। लेकिन कॉलेज के दिनों से ही रेडियो जैसे माध्यम में काम करने के बाद मुझे प्रिंट में काम करना उतना सजीव और रोचक नहीं लगा। इसलिए मैंने प्रिंट को अलविदा कह रेडियो में ही अपने काम को निखारा।

मैं मानती हूँ कि आज मैं जो कुछ भी हूँ उसमें सबसे ज़्यादा योगदान परवेज़ आलम का रहा, जो उस समय रेडियो में प्रोग्राम एक्ज़ीक्यूटिव थे। उन्होंने मुझे पहला मौक़ा दिया रेडियो में काम करने का। हुआ यूँ कि मेरी बहन रीता शर्मा रेडियो के समीप संचार भवन में काम करती थी। मुझे हमेशा से ही रेडियो और टेलीविज़न में काम करने का शौक़ था। ऐसे में जब मैंने परवेज़ आलम जी से बात की कि मैं रेडियो के लिए काम करना चाहती हूँ, तो उन्होंने मुझे युववाणी कार्यक्रम के विषय में बताया और कहा कि इसमें नये लोगों को काम करने का मौक़ा दिया जाता है। भगवान की बड़ी कृपा रही कि 'महफ़िल' कार्यक्रम के लिए ऑडिशन पास करने के बाद मुझे मेरा पहला कार्यक्रम करने का मौक़ा मिला। जिसके हर एपिसोड के लिए मुझे 20 रुपये मिले।

इसके बाद 'मनभावन', 'कवि गोष्ठी' और सबसे महत्त्वपूर्ण 'इधर–उधर' कार्यक्रम करने का अवसर मिला।

'इधर–उधर' में एक मेल और एक फ़ीमेल एंकर होता था और इस कार्यक्रम में हमें एक व्यक्तित्व का साक्षात्कार भी करना होता था। इस कार्यक्रम के लिए मुझे सबसे बड़ा साक्षात्कार करने का जो मौक़ा मिला, वह साक्षात्कार हिन्दी फ़िल्म जगत् के सबसे बड़े नामों में से एक राजकपूर जी का था।

यह बात रही होगी 1988 की, जब न हर जगह फ़ोन होते थे और मोबाइल की दुनिया तो बस सपने की बात थी। ऐसे युग में मुझेराजकपूर जैसे व्यक्ति को साक्षात्कार के लिए राज़ी करना था। मैं जल्दी आकर रेडियो दफ़्तर से उनके सेक्रेटरी को फ़ोन करती। कई दिन फ़ोन करने के बाद उनके सेक्रेटरी ने फ़ोन उठाया और बोला कि साहब बीमार हैं और साक्षात्कार नहीं दे सकते। मैंने कहा कि सर बस एक बार मेरी राजकपूर जी से बात करवा दीजिए। शायद मेरी क़िस्मत और भगवान ने मेरा साथ दिया और राजकपूर जी फ़ोन पर आ गये।

राजकपूर–"अरे लड़की हमारा इंटरव्यू क्यों करना चाहती हो। तुम लोग हमारे गाने चलाते हो और हमें 10 पैसे देते हो।"

नीलम–"सर मुझे 100 रुपये मिलते हैं और वो मैं आपको दे दूँगी।" ये बात सुनकर वो हँसने लगे!

राजकपूर–"कब करना चाहती हो?"

नीलम–मैंने कहा, "कल ही आ जाती हूँ।"

तो वो हँसकर बोले, "अच्छा तो तुम क्लास बंक करोगी।"

नीलम–"मैंने कहा क्यों नहीं!"

उस समय मेल्ट्रन मशीन होती थी, जो काफ़ी भारी होती थी। उसे कन्धे पर उठाकर मैं राजकपूर जी का साक्षात्कार करने चल पड़ी। तब रेडियो का कल्चर भी अलग था, वहाँ ट्रांसपोर्ट गाडियाँ नहीं बल्कि सरकारी गाड़ियाँ होती थीं, जो कि लड़कियों के लिए पूरी तरह सुरक्षित होती थीं। कम लोग होते थे, जो एक–दूसरे को अच्छे से जानते थे।

ख़ैर, मैं होटल ताज पहुँची, जहाँ राजकपूर के निजी सचिव से मेरी मुलाक़ात हुई। उन्होंने मुझे बताया कि राजकपूर जी काफ़ी बीमार हैं और वो शयनकक्ष में ही लेटे हुए हैं। मैं जब कमरे में गयी, तो रूसवासियों की तरह दिखने वाले एकदम गोरे और सफ़ेद धोती के साथ सफ़ेद कुर्ता पहने राजकपूर जी मुझे दिखायी दिये। इस साक्षात्कार ने मुझे सिखाया कि किसी भी क्षेत्र के प्रसिद्ध लोग आख़िर इतने प्रसिद्ध क्यों होते हैं? मुझे लगता है कि क्योंकि वे अपने जीवन के अन्तिम समय तक अपनी ग़लतियों से सीखते हैं और अपने को हमेशा बेहतर बनाये रखने की चुनौती को बरक़रार रखते हैं।

मुझे लगता है कि परवे़ज आलम जी के साथ काम करके मुझे स्वतन्त्रता और आत्मविश्वास के साथ काम करना आया। वे हमेशा कहा करते थे कि कुछ देखो मत बस अपने काम में जुट जाओ। इसके बाद मेरे करियर में एक नया मोड़ आया और मुझे ख़बरें पढ़ने का मौक़ा मिला। नयी थी, तो स्वाभाविक है कि रात के बुलेटिन ही मुझे मिले जिसमें रात 11, 12, 1 और 2 बजे का हिन्दी बुलेटिन करना होता था।

रेडियो के लिए साल 1992–93 में मुझे 'गीत गाता चल' के लिए एंकरिंग का मौक़ा मिला, जिसके दौरान मेरी मुलाक़ात अपने भावी पति अनिल अभिषेक से हुई। फ़िल्मी जगत् के बड़े संगीतकारों और गायकों और लेखकों पर आधारित इस कार्यक्रम को करके मुझे जीवन में काम के महत्त्व का पता चला। मुझे याद है कि 'मन्ना डे' का साक्षात्कार करने जब हम मुम्बई गये थे तो हम थोड़ा लेट हो गये। इस पर वे थोड़ा नाराज़

भी हुए थे। पर जब मैंने कहा कि सर हम शहर में पहली बार आये हैं और यहाँ के रास्तों के बारे में नहीं जानते थे। तो उन्होंने हमारी बात समझकर हमें पूरा–पूरा सहयोग किया। यहाँ तक कि साक्षात्कार के बाद बाहर आकर हमें ऑटो रिक्शा भी कराया।

मजरूह सुल्तानपुरी, जब हम उनके पास गये, तो वे अपनी बन्दूकें साफ़ कर रहे थे।

मजरूह–(यार आज बिल्कुल भी साक्षात्कार का मन नहीं है। ये फ़िल्म वाले सामान ले जाते हैं और देखो मेरी बन्दूक ख़राब कर दी अब ये खुल नहीं रही।)

अनिल (मेरे पति)–दिखाइए, शायद मैं कुछ कर सकूँ।

और पता नहीं कैसे वो बन्दूक खुल गयी। बस फिर क्या था। उन्होंने वो ज़बर्दस्त साक्षात्कार दिया, जो मैं आज भी याद करती हूँ।

हम दोनों ने 'विविधा' के लिए भी साथ काम किया। ज़िन्दगी बहुत ही रोचक और नायाब है। हुआ यूँ कि अनिल और मेरा प्रेम जितनी जल्दी परवान चढ़ा उतनी ही जल्दी मेरी और उनकी शादी भी तय हो गयी। 'विविधा' के लिए मेरे पास फ़ोन आया, नीलम आपकी 7 अगस्त को एंकरिंग है। मैंने कहा कि–सर मैं नहीं आ सकती मेरी शादी है। फिर अनिल के पास फ़ोन गया, अनिल 7 अगस्त को आपकी एंकरिंग है, उन्होंने भी वही जवाब दिया। आप यक़ीन नहीं मानेंगे कि शादी के बाद सबको पता चला कि हम दोनों की शादी एक दिन क्यों थी। हा–हा–हा–हा!

टेलीविज़न या दूरदर्शन का कार्यालय उन दिनों आकाशवाणी भवन संसद मार्ग में था। वहाँ मैंने कई ऑडिशन दिये, पर सफलता हासिल नहीं हुई। आख़िरकार अक्टूबर 1994 में मेरे जीवन का सबसे महत्त्वपूर्ण पल आया और मुझे ऑडिशन में कामयाबी मिली। जिसके बाद फ़रवरी 1995 में न्यूज़ एंकरिंग का सफ़र शुरू हुआ। मेरा ऑडिशन देवकी नन्दन पाण्डे ने लिया था। उस समय दिन में सुबह 7 बजकर 15 मिनट का, 11 बजकर 5 मिनट का और शाम 7 बजकर 15 मिनट का बुलेटिन जाता था। इस तरह महीने में केवल 6 ड्यूटी मिलती थीं।

यादगार पल

मुझे याद है कि एक दिन मैं और अनिल किसी दोस्त के यहाँ बैठे थे। वहाँ मेरी दोस्त ने पूछा–और यार तुम्हारी न्यूज़ वग़ैरह कैसी चल रही है।

तब अनिल ने चौंककर कहा कि नीलम आज तो शायद तुम्हारी 11 बजे एंकरिंग थी न। उस समय रात 11 बजकर 21 मिनट का बुलेटिन जाता था। एकदम से मैंने अपने बैग से ड्यूटी चार्ट निकाला और देखा, तो सही था। मैं एकदम घबरा गयी कि अब क्या करूँ? 10:30 बज चुके हैं और मैं निज़ामुद्दीन बैठी हूँ और अभी संसद मार्ग पहुँचने और मेकअप करने में भी समय लगेगा और मेरे पास कपड़े भी नहीं हैं। मुझे लगा कि आज तो मैं गयी मुझे पक्का ब्लैकलिस्ट कर देंगे। फिर भी कैसे न कैसे आंटी के ब्लाउज़ में पिन वग़ैरह लगाकर और साड़ी पहनकर मैं ऑफ़िस पहुँची। भगवान की दया से मेरा बुलेटिन बिना किसी ग़लती के और समय पर चला गया।

फिर सन् 2000 में 24 घण्टे का न्यूज़ चैनल आया, जिसमें हिन्दी के ज़्यादा बुलेटिन होते थे। इस न्यूज़ चैनल की वजह से मुझे ज़्यादा काम मिलने लगा। सबसे पहले 24 घण्टे के इस न्यूज़ चैनल के लिए राहुल देव इंग्लिश और मृणाल पाण्डे हिन्दी में एंकरिंग करते थे। मृणाल जी के एंकरिंग छोड़ने के बाद इसमें नये एंकरों के ऑडिशन लेने की बात आयी। यह ऑडिशन दीपक सन्धु ने लिया उस समय वे दूरदर्शन में एडीजी थीं और इसमें केवल चार लोगों को बुलाया गया था। जिसमें मैं, संजीव उपाध्याय, मीता चौधरी और कोई एक नाम और शामिल था। हम चारों को नार्थ–ईस्ट नागालैंड में मुईवा गुट की राजनीति पर टैस्ट देना था। ऑडिशन के बाद परिणाम आये और मृणाल जी की जगह मुझे एंकरिंग करने का मौक़ा मिला, जो मेरे लिए बड़े सौभाग्य की बात थी।

निन्दा

मुझे लगता है कि यदि आप अपनी निन्दा को सुनकर उससे सीखकर आगे नहीं बढ़ सकते तो आपको मीडिया में नहीं आना चाहिए। यह बात 2001 की है जब मेरा करियर सफलता के मार्ग पर चलने का प्रयास कर रहा था, उस समय 'इंडियन एक्सप्रेस' की मीडिया आलोचक अमिता मलिक, मेरे बारे में लिखा था कि नीलम एंकरिंग में केवल महँगी साड़ियों का प्रदर्शन करती है और कभी किसी साड़ी को दोबारा नहीं पहनती, तो उनके पास इतने रुपये कहाँ से आते हैं?

क्या आप जानते हैं 10 साल बाद वही अमिता मलिक मेरे बारे में लिखती हैं कि बेस्ट ड्रैस्ड एंकर नीलम शर्मा जिन्होंने आज भी मीडिया

में अपनी शालीनता को बरक़रार रखा है। साथ ही आउटलुक के सर्वे 'द आर्ट ऑफ़ एंकरिंग' में मुझ पर लिखा गया। ख़ुशी होती है जब एक आर्टिकल में सराहना मिलती है, लेकिन उस तारीफ़ को बरक़रार रखने की चुनौती भी मिलती है।

राजनीतिक साक्षात्कार

जसवन्त सिंह और पुराने बड़े लोगों में 2004 में राजनीति से संन्यास ले चुके स्वतन्त्रता सेनानी, पूर्व रेल और वित्त मन्त्री मधु दण्डवते से भी साक्षात्कार करना मेरे यादगार पलों में से एक है। लगभग सभी राजनीतिज्ञों से यदा–कदा साक्षात्कार लेने का ख़ूब मौक़ा मिला। 2009 में प्रधानमन्त्री डॉ. मनमोहन सिंह के साथ गुवाहाटी में साक्षात्कार किया।

प्रधानमन्त्री कार्यालय की ओर से देश भर के मीडिया सम्पादकों के साथ पूर्व प्रधानमन्त्री मनमोहन सिंह से मुलाक़ात के दौरान मुझे डीडी न्यूज़ की ओर से जाने का मौक़ा मिला। वहाँ उन्होंने मेरे आंतकवादियों पर क़ानूनी शिकंजे प्रश्न का बड़ी तसल्ली से जवाब दिया।

सन्देश

आज लोग सोचते हैं कि हम इधर आयें और उधर हमें सफलता मिल जाये, लेकिन वो सफलता स्थायी नहीं होती। सफलता को सहेजना भी ज़रूरी है। हमें धीरे–धीरे कामयाबी मिली और मैं आज भी अपने काम को उसी गम्भीरता और तन्मयता से करती हूँ, जितना शुरुआती समय में करती थी। ज़िन्दगी में शॉर्टकट नहीं होता और टीवी का परदा किसी ग़लती को नहीं बख़्शता।

नीलू व्यास थॉमस

"परिवार के सहयोग के बिना किसी भी क्षेत्र में कामयाब होना मुश्किल है"–यह कहना है नीलू व्यास थॉमस का जो राज्यसभा टीवी में सीनियर एंकर एंड कंसल्टेंट के पद पर कार्यरत हैं और पत्रकारिता में अपने क़रीब 20 साल दे चुकी हैं। बनारस शहर से देश–विदेश में पत्रकारिता में अपनी सफलता का परचम लहराने वाली नीलू जी ने अपने अनुभवों को खुलकर हमसे साझा किया। अपने पत्रकारिता के सफ़र के विषय में उन्होंने बताया कि बचपन से ही मेरे पिता ने सोचा था कि मैं डॉक्टर बनूँगी, उस समय मेरी उम्र क़रीब 9 या 10 साल की रही होगी। अपने पिता के सपने को पूरा करने के लिए मैंने बचपन से ही डॉक्टर बनने का निश्चय कर लिया था। मैंने बीडीएसकी प्रवेश परीक्षा पास भी कर ली थी। लेकिन उस समय डोनेशन बहुत चलता था तो हुआ यह कि किसी भी तरह डॉक्टरी में प्रवेश हो जाये, इसी पर पूरे परिवार का ध्यान केन्द्रित था। इस पढ़ाई में प्रवेश के लिए मेरे चाचा जी डोनेशन देने को भी तैयार थे। इस स्थिति में मैंने ख़ुद से यह निर्णय किया कि मुझे पैसे देकर कोई डिग्री हासिल नहीं करनी। वहीं दूसरी ओर मुझे बचपन से ही लिखने–पढ़ने का बहुत शौक़ था और मुझे समय–समय पर इसके लिए सराहना भी मिलती रही थी। इसका श्रेय भी मेरे स्वर्गीय पिताजी को जाता है, जब हम बच्चे थे और उन दिनों नया–नया टेलीविज़न उद्योग शुरू हो रहा था, वे टीवी पर एंकर्स और तमाम दूसरे लोगों को चर्चा में बोलते हुए देखकर कहते थे कि नीलू तुम्हें भी बड़ी होकर ऐसे ही बोलना है।

इस तरह मैंने अपनी राह बदल ली, जो मुझे पत्रकारिता में ले आयी। मैंने सेंट मेरीज़ कॉन्वेंट से स्कूली शिक्षा पूरी की। इसके बाद बीए और एमए की पढ़ाई इलाहाबाद विश्वविद्यालय से की। पत्रकारिता का ज्ञान मुझे पुणे स्थित सिम्बोसिस इंस्टीट्यूट ऑफ़ मास कम्युनिकेशन से मिला।

पत्रकारिता में मुझे पहला अवसर जी न्यूज़ में मिला, इसके बाद मैं 'आज तक' में आयी, इसके बाद आईबीएन7 में काम किया फिर सीएनएन से राज्यसभा टेलीविज़न में आज तक काम कर रही हूँ। आज से क़रीब 18 साल पहले टेलीविज़न पत्रकारिता का रुख़ कुछ अलग था। ज़ी न्यूज़ उस समय का बहुत लोकप्रिय चैनल था। एक बात यहाँ मैं साझा करना चाहूँगी कि हर चैनल का एक सफ़र होता है, जब कोई चैनल अपनी ऊँचाइयाँ छू रहा होता है, उसके बाद उसकी लोकप्रियता में कमी आती है और फिर उसका पतन शुरू होता है। हर चैनल के साथ जहाँ भी मैंने काम किया, उस समय वह चैनल अपनी सफलता के चरम पर था, उन चैनलों में मुझे कई बड़ी स्टोरीज़ पर काम करने का मौक़ा मिला, इसके बाद मैं अपने नये पड़ाव पर निकली। पत्रकारिता में मेरा प्रवेश कठिनाइयों से मुक्त रहा, मैं ऐसा नहीं कह सकती। दिल्ली मैं पुणे से अपनी पढ़ाई पूरी करने के बाद आयी थी, पुणे में बहुत सकारात्मक और खुला माहौल है।

वहीं इसके विपरीत दिल्ली में महिलाओं के रात में काम करने और रात–बेरात आने पर हमेशा डर बना रहता था। उस समय आपको पता नहीं होता है कि कौन आपके साथ है और कौन आपके विरोध में सोच रहा है। मैंने हमेशा अपनी सीमाओं का ध्यान रखा और एक मूलमन्त्र अपनाया कि आप किसी भी प्रोफ़ेशन में हों–बात सबसे करो, पर यह तय कर लो कि आपको किससे कितनी बात करनी है, ताकि कोई आपका दुरुपयोग न कर पाये। साथ ही मेरे परिवार के लिए थोड़ा कठिन था कि मैं सुबह 7 बजे जाती हूँ और रात को 2 या 3 बजे आती हूँ। यह मैं अपनी प्रशंसा के लिए नहीं बल्कि मीडिया में जो भी अपनी पहचान बनाना चाहता है उसके साथ अपना यह अनुभव साझा करना चाहूँगी कि शुरुआत से ही मैं 16 घण्टे या 18 घण्टे लगातार काम करती थी और यह सिलसिला मेरे करियर में 10 से 12 साल तक लगातार चलता रहा, मैंने मेहनत में कोई कोताही नहीं की।

जी न्यूज़ में अपने शुरुआती दिनों (साल 2000) में इलाहाबाद में आयोजित महाकुम्भ को कवर करने का मुझे मौक़ा मिला। जैसा कि सभी जानते हैं कि प्रयाग में होने वाले महाकुम्भ में करोड़ों लोग भाग लेते हैं और उस समय मेरे बॉस डॉ. ए. सूर्यप्रकाश थे, जो आज प्रसार भारती के अध्यक्ष हैं। उन्होंने मुझ पर भरोसा जताकर मुझे महाकुम्भ कवर करने का मौक़ा दिया, लेकिन दूसरी ओर चैनल में मुझे भेजने के निर्णय का बड़ा विरोध हुआ। इन सबके बावजूद मैंने केवल और केवल अपने काम पर ध्यान केन्द्रित रखा। यहाँ मेरे इलाहाबाद से होने का अनुभव भी काम आया, मुझे पता था कि कैसी स्टोरी कवर करनी है और उसमें मैं क्या बेहतर कर सकती हूँ।

इस बीच मैंने शादी भी की, मेरे पति ईसाई धर्म से हैं और मैं इलाहाबाद के ब्राह्मण परिवार से थी। इसलिए इस शादी के लिए परिवारवालों ने सहमति नहीं दी और हमने अपने दोस्तों की मदद से शादी की। शादी के बाद मुझे अपने पति अनिल थॉमससे बहुत सहयोग मिला, क्योंकि वह भी मीडिया से ही हैं। यहाँ मैं यह बात भी साझा करना चाहूँगी कि मैं उन महिलाओं से इत्तेफ़ाक़ नहीं रखती, जो कहती हैं कि वे अपना हर काम अकेले कर लेती हैं। यहाँ मैं यह बात सामने रखना चाहती हूँ कि चाहे आप कोई भी काम अकेले कर लें और आपकी मेहनत ही आपके सबसे ज़्यादा काम आती है, फिर भी अपने परिवार और पति का सहयोग काफ़ी अहम होता है। मैं यह भी बताना चाहती हूँ कि एक पत्रकार को काफ़ी यात्राएँ करनी पड़ती हैं, ऐसे में घर और बच्चों की ज़िम्मेदारी में मेरे पति ने हमेशा मेरा साथ दिया।

यह पूछे जाने पर कि आपने हमेशा अंग्रेज़ी माध्यम से पढ़ाई की और पत्रकारिता की शुरुआत हिन्दी में की। इस पर नीलू जी का कहना था कि मैं इलाहाबाद में पली–बढ़ी हूँ इसलिए हिन्दी मैं काफ़ी अच्छी बोल लेती हूँ और टेलीविज़न पत्रकारिता में मुझे इसका बहुत फ़ायदा मिला। जी न्यूज़ के बाद साल 2001 में मैंने आज तक ज्वाइन किया। उस समय दर्शकों में काफ़ी लोकप्रिय रहे टेलीविज़न पत्रकार प्रबल प्रताप सिंह, उदय शंकर हमारे बॉस होते थे। उस समय मीडिया में काफ़ी बदलाव आ रहे थे और ज़माना बदल रहा था। न्यूज़ को दर्शकों के सामने पेश करने के मेरे अन्दाज़ और मेरे काम ने मुझे हर न्यूज़ चैनल में सराहना दिलायी। टेलीविज़न पत्रकारिता में मुझे जब आठ या नौ साल हो चुके थे,

तब मैंने सोचा कि अब मुझे इंग्लिश चैनल में काम करना चाहिए। उन दिनों राजदीप सरदेसाई अपने नये न्यूज़ चैनल के लिए पत्रकारों का चयन कर रहे थे। 'आज तक' में मैंने कई ऐसी ख़बरों पर काम किया था, जिन्हें काफ़ी सराहा गया था, उनमें से साल 2005 में हुए इमराना रेप केस का मैं यहाँ ज़िक्र करना चाहूँगी, इस मामले में उत्तर प्रदेश के एक गाँव में इमराना का बलात्कार उसके ससुर ने ही किया था। लेकिन गाँव के बुज़ुर्गों ने इसे सहमति का मामला माना और इमराना को फ़रमान सुनाया कि वह अपने पति को छोड़कर अब अपने ससुर को ही अपना पति माने। लेकिन मामले को मीडिया के काफ़ी तवज्जो देने पर मामला कोर्ट में पहुँचा। इमराना को न्याय देते हुए अदालत ने ससुर को दस साल की सज़ा सुनायी।

उस समय पत्रकारिता में नया–नया खोजी पत्रकारिता का दौर शुरू हुआ था और उसमें हम स्पाई कैमरे का इस्तेमाल करके कई बड़े घोटालों या ख़बरों का पर्दाफाश करते थे। आज तक में मैंने खोजी पत्रकारिता में एक श्रृंखला भी की थी, जिसमें मुझे याद है कि मेडिकल घोटाला हो, राजनीतिक घोटाला या कोई बड़ी घटना, उन दिनों किसी भी स्टोरी पर काम करते हुए बहुत ध्यान रखना पड़ता था; नया–नया स्पाई कैमरा आया था इसलिए उस पर क्या रिकॉर्ड हो जाये, यह ध्यान रखना पड़ता था। जब स्टोरी फ़ाइनल बनकर तैयार हो तभी भेजी जाये क्योंकि कुछ ग़लत सन्देश चला जाये, तो उससे आपकी नौकरी भी जा सकती थी। मुझे याद है कि आगरा के स्कूल में एक बच्ची के साथ बलात्कार की घटना सामने आयी थी और स्कूल प्रशासन इससे इनकार कर रहा था और मैं अपनी शर्ट में पैन के अन्दर स्पाई कैमरा लगाकर चली गयी और जब स्कूल की प्रिंसिपल का साक्षात्कार ले रही थी तो वो पैन रेड ब्लिंक करने लगा, जिससे प्रिंसिपल को यह अहसास हो गया कि मैं छुपे हुए कैमरे का इस्तेमाल करके उनसे बुलवा रही हूँ। प्रिंसिपल ने पूछा कि आप रिपोर्टर हो...मेरी तो हालत ख़राब हो गयी, मुझे समझ नहीं आया कि मैं क्या जवाब दूँ। प्रिंसिपल ने चौकीदार को बुलाकर हमें वह रिकॉर्डिंग देकर वापिस चले जाने को कहा...कैमरामैन अपने काम को बख़ूबी जानता था, इसलिए वह वो कोई और टेप देकर सही टेप को सुरक्षित ले आया, जिसकी वजह से हम इस स्टोरी को दर्शकों तक पहुँचा पाये। सफ़दरजंग अस्पताल में मैंने भ्रष्टाचार में लिप्त रेडियोलॉजी विभाग के अध्यक्ष के बारे में भी एक स्टोरी की थी।

राजदीप को मेरी रिपोर्टिंग बहुत अच्छी लगी थी, इसलिए उन्होंने मुझे अपने नये चैनल में काम करने का ऑफ़र दिया। मुझे आज भी याद है कि पहला सवाल राजदीप का यह था कि मुझे नहीं जानना है कि तुम कौन हो। मैंने तुम्हारा काम देखा है। यह मेरे लिए गर्व का विषय था कि राजदीप सरदेसाई जैसा पत्रकार मेरे काम की सराहना कर रहा था, पर साथ ही उन्होंने यह भी कहा कि अभी मेरा न्यूज़ चैनल नया है, उसकाभविष्य क्या होगा, पता नहीं। पर क्या आप एक प्रसिद्ध और लोकप्रिय चैनल को छोड़कर मेरे साथ काम करना चाहेंगी। इस पर मेरा जवाब था कि बचपन से ही आपको और बरखा जी को देखकर मैं बड़ी हुई हूँ और आपके साथ काम करना मेरा सपना है। तो इस तरह एक विशेष संवाददाता के तौर पर मैंने सीएनएन–आईबीएन ज्वाइन किया, बस वहाँ से मेरा इंग्लिश पत्रकारिता का सफ़र शुरू हो गया। इस चैनल में काम करते हुए मुझे राजनीतिक, सामाजिक, लघु फ़िल्म और खोजी पत्रकारिता यानी हर विषय पर अपने ढंग से काम करने का अवसर मिला।

उस समय सीएनएन की टीम समय–समय पर टेलीविज़न पत्रकारिता में हम और बेहतर कैसे कर सकते हैं, इसका प्रशिक्षण देती थी। ख़ुशी की बात यह है कि मुझे यहाँ नये–नये प्रयोग करने को मिले, चाहे वे प्रयोग पीस टू कैमरा, लाइव कैमरा रिपोर्टिंग, एंकरिंग या रिपोर्टिंग किसी भी काम में हो। इस चैनल के लिए भी मैंने खोजी कैमरे के साथ कई ख़बरों पर काम किया। 2006–2007 में बहुत सारे संसद सदस्य अपने आवंटित घरों को दूसरे लोगों को किराये पर दे देते थे, इस घोटाले का भी मैंने पर्दाफ़ाश किया था, इसे करते समय मैं और मेरा कैमरामैन पति–पत्नी बनकर जाते थे और मकान को किराये पर लेने की सारी बातें रिकॉर्ड कर लेते थे। यहाँ मैं यह कहना चाहती हूँ ऐसे काम को करते समय आपको ज़रूरत से ज़्यादा सावधानी बरतनी पड़ती है, आपको जान का ख़तरा तो बना ही रहता है, और बिना बताये कब कौन–सी मुसीबत आपके सामने आ जाये, इसके लिए भी आपको तैयार रहना होता है।

पत्रकारिता में आगे बढ़ते–बढ़ते मेरी निजी ज़िन्दगी भी आगे बढ़ रही थी, अब मैं अपने पहले बच्चे की माँ बन चुकी थी। इसलिए अब मैंने भागदौड़ का काम छोड़कर डेस्क पर काम करना शुरू किया, मेरा सौभाग्य रहा कि यहाँ भी मेरे काम को काफ़ी सराहा गया।

इसके बाद साल 2008–2009 में 'मीडिया हाउस' बहुत बुरे दौर से गुज़र रहा था, ऐसे में न्यूज़ चैनल्सों से बड़ी संख्या में लोगों को निकाला जा रहा था, छँटनी का समय शुरू हो गया था। लेकिन इस दौर का मुझ पर बहुत ज़्यादा असर नहीं पड़ा। मीडिया और घर की ज़िम्मेदारियाँ निभाते–निभाते जीवन में आगे बढ़ रही थी और साल 2011 में मैं अपने दूसरे बच्चे की माँ बनी।

उन दिनों राज्यसभा टेलीविज़न की शुरुआत के लिए अनुभवी पत्रकारों का चयन किया जा रहा था। इसके बाद राज्यसभा टेलीविज़न में मेरी पत्रकारिता के नये सफ़र की शुरुआत हुई, जो आज तक जारी है। 10 अगस्त 2011 को राज्यसभा टेलीविज़न मैंने ज्वाइन किया था। राज्यसभा टीवी ने मुझे मौक़ा दिया और उस समय राज्यसभा टीवी के सीईओ गुरदीप सिंह सप्पल ने मुझे पत्रकारिता में वह सब करने का मौक़ा दिया, जिसका हर पत्रकार सपना देखता है। यहाँ मैं यह कहना चाहती हूँ कि आज जो कुछ भी मैं इस क्षेत्र में कर पायी, उसका काफ़ी श्रेय उन्हें जाता है। इस क्षेत्र में आपको ऐसे माहौल, साथियों और बॉस की ज़रूरत होती है, जो आपको काम करने का मौक़ा तो दें ही साथ ही आपका सहयोग भी करें। मेरा मानना है कि अगर आपको घर और बाहर दोनों जगह सकारात्मक माहौल नहीं मिलता, तो किसी भी क्षेत्र में अपनी पहचान बना पाना बहुत ही कठिन है।

किसी भी मशहूर व्यक्ति का साक्षात्कार लेते समय आप कैसे तैयारी करती हैं, इस पर नीलू जी का कहना था कि पत्रकारिता में हर पत्रकार का अपना अनुभव और काम करने का तरीक़ा होता है। बस आपको ख़ुद के रोज़ कुछ बेहतर करते रहने के लिए हमेशा प्रेरित करना है। आज मैं एक ऐसे चैनल में हूँ जहाँ आपको तथ्यों की जानकारी होनी ज़रूरी है और किसी संसद सदस्य का साक्षात्कार लेते समय आपकी कुछ सीमाएँ हैं, इसके बावजूद एक पत्रकार केवल सच्चे पत्रकार के रूप में कैसे काम कर सकता है, इसका आपको ध्यान रखना है और यह आपके ज्ञान और कार्य के अनुभव से आता है। साथ ही, मेरा यह भी मानना है कि अगर आप किसी का साक्षात्कार ले रहे हैं और पाँच या छह प्रश्नों में आपका काम हो जायेगा, तो मुझे ऐसा नहीं लगता। मेरा साक्षात्कार करने का जा तरीक़ा है उसमें ऐसा लगना चाहिए कि दो व्यक्ति किसी विषय पर विचार–विमर्श कर रहे हैं और उसके लिए दोनों में, यानी एंकर

और साक्षात्कार देने वाले में समन्वय और सहयोग का होना ज़रूरी है। मेरे लिए किसी का साक्षात्कार करने का मतलब ज़ोर–ज़ोर से चिल्लाना और अपने मेहमान को नीचा दिखाना नहीं होता। जैसा कि आजकल अधिकतर न्यूज़ चैनलों में एक आम बात हो गयी है। राजनीतिक या किसी भी क्षेत्र के अग्रणी व्यक्ति का साक्षात्कार लेते समय आपको यह ध्यान रखना होता है कि आपको भी उतनी ही बात करनी होती है, किसी एक के बोलते रहने से बात नहीं बनती।

साल 2013–14 में 'लिम्का बुक ऑफ़ रिकॉर्ड्स' में मेरा नाम आना मेरी पत्रकारिता में एक बहुत ही सुन्दर पड़ाव था। एक पत्रकार के रूप में मैं हमेशा कुछ नया करने का सोचती हूँ। इसी कड़ी में मैंने भारतीय तटरक्षक पर एक लघु फ़िल्म बनाने का प्रस्ताव अपने चैनल के सीईओ गुरदीप सिंह सप्पल के समक्ष रखा, उन्होंने चैनल की ओर से मुझे यह काम करने की अनुमति दी। इसके बाद अब मुझे रक्षा मन्त्रालय से अनुमति चाहिए थी, जो मुझे मिल गयी। उस समय ए.के. एंटनी रक्षामन्त्री थे। उन दिनों काम बहुत देरी से होता था, ख़ैर, छह महीने के लम्बे इन्तज़ार के बाद मुझे रक्षा मन्त्रालय से अनुमति मिल गयी। गुजरात के भारतीय तट पर स्टोरी बनाने के लिए डीजी कोस्ट गार्ड के दफ़्तर गयी, तो उन्होंने मुझे कहा मैडम यहाँ रिपोर्टिंग करना बहुत ही कठिन है, आप सोच लीजिए क्योंकिआपकी तबीयत भी ख़राब हो सकती है, इसके लिए हम जवाबदेह नहीं होंगे। अपने दो कैमरामैन राजदीप राठौर और मनोज कुमार एवं उनके कैमरा सहायक राधे कृष्णा तिवारी के साथ मैं इस मिशन पर गयी। जहाज़ में सफ़र करते हुए मेरी तबीयत बिगड़ने लगी और मुझे उल्टियाँ होने लगीं, जैसे–जैसे जहाज़ पानी में तैरता है, आपको बहुत ही ध्यान रखना होता है। जहाज़ के कैप्टन ने मुझे नौसेना के पूरे अभ्यास की जानकारी दी और मेरी तबीयत ख़राब रहने के बावजूद हमारी लगातार शूटिंग चलती रही। ऐसे काम करते–करते पूरी रात बीत गयी और हम अन्तरराष्ट्रीय सीमा पर पहुँच गये। उस समय जहाज़ के कैप्टन ने मुझे बातों–बातों में बोला कि आप शायद पहली महिला पत्रकार हैं, जो नौसेना के जहाज़ में सफलतापूर्वक अन्तरराष्ट्रीय सीमा पर पहुँचकर भी रिपोर्टिंग कर रही हैं और इस बात को पुख़्ता करने के लिए आप हमारे नौसेना के मुख्यालय में जाकर पता कर लें। ख़ैर, तमाम मुश्किलों के बावजूद मेरी डॉक्यूमेंट्री बनकर तैयार थी। ढाई दिन हम लगातार शूटिंग करते रहे।

जब हम वापस लौटे और मैं अपने परिवार से मिली तो मुझे लगा कि मानो मेरी दूसरी ज़िन्दगी मुझे वापस मिल गयी। गुजरात के गाँधी नगर स्थित नौसेना के मुख्यालय पहुँचकर नौसेना डीजी ने मुझे बताया और सर्टिफ़िकेट दिया कि आप इस तरह की स्टोरी करने वाली पहली महिला पत्रकार हैं। नौसेना के डीजी और मेरे पति अनिल थॉमस ने मुझे कहा कि तुम्हें अपना यह काम 'लिम्का बुक ऑफ़ रिकॉर्ड्स' में दर्ज कराना चाहिए। इसके बाद मैंने 'लिम्का बुक ऑफ़ रिकॉर्ड्स' के दफ़्तर में फ़ोन करके पूरी बात बतायी, तो उन्होंने कहा कि आप अपनी पूरी जानकारी और फ़िल्म की डीवीडी हमें भेज दीजिए, साथ ही कहा कि हमारी जाँच प्रक्रिया का समय थोड़ा लम्बा होता है और यह ज़रूरी नहीं है कि आपका नाम इस रिकॉर्ड में आ ही जायेगा। इसके बाद मैंने तो मानो उम्मीद ही छोड़ दी थी कि मेरा नाम इस रिकॉर्ड में आयेगा और क़रीब डेढ़ साल बाद मैं अपने परिवार के साथ ऑस्ट्रेलिया में छुट्टियाँ बिताने गयी थी और वहाँ सिडनी में, मुझे लिम्का के दफ़्तर से फोन आया कि हम आपको मेल कर रहे हैं, आपका रिकॉर्ड कन्फ़र्म हो गया है। मैंने अपने परिवार के साथ इस ख़ुशी को मनाया और अपने सीईओ को फ़ोन करके इस बारे में जानकारी दी, जिन्होंने मुझे इतना बड़ा काम करने का मौक़ा दिया था।

नूपुर बसु

भारतीय पत्रकारिता में नूपुर बसु एक ऐसा नाम हैं जिन्होंने न केवल प्रिंट और टेलीविज़न पत्रकारिता में अपनी सफलता दर्ज की, बल्कि वो उन पहली महिला पत्रकारों में शामिल हैं, जिन्होंने पत्रकारिता के साथ–साथ सामाजिक विषयों पर लघु फ़िल्मों का भी निर्माण किया। मीडिया में इस चहुँमुखी प्रतिभा की धनी वरिष्ठ पत्रकार से जब साक्षात्कार हुआ, तो मीडिया के बारे में बहुत कुछ नया जानने का मौक़ा मिला!

नूपुर जी अपने पत्रकारिता के सफ़र को यूँ बयाँ करती हैं–

स्कूल और कॉलेज के दिनों में मैं वाद–विवाद प्रतियोगिता में भाग लेती थी, उस दौरान मुझे ऐसा लगा कि मुझे क़ानून या पत्रकारिता के पेशे में जाना चाहिए। अन्त में मैंने पत्रकारिता को चुना क्योंकि मुझे लिखना और कहानियाँ पढ़ना अच्छा लगता था। स्कूल के प्रारम्भिक वर्षों और फिर दिल्ली विश्वविद्यालय के मिरांडा हाउस कॉलेज में अंग्रेज़ी विभाग के शिक्षकों ने मुझमें लिखने की ललक बढ़ा दी जो पत्रकारिता में मेरे लिए सहायक साबित हुई। साथ ही, मैंने दिल्ली विश्वविद्यालय से साल 1981 में एमए की पढ़ाई भी की। मुझे पहली नौकरी 'इंडियन एक्सप्रेस' में मिली उसके बाद मैंने कभी पीछे मुड़कर नहीं देखा। मीडिया में अपने पहले दिन का ज़िक्र करते हुए वे बताती हैं कि बात बहुत पुरानी हो गयी है मुझे आज भी प्रिंट मीडिया में अपना पहला दिन याद है–मैं समाचार कक्ष में बहुत उत्साहित थी और लिखने के बाद सम्पादित कॉपी के टेलीप्रिंटर और लीथो प्रेस से होते हुए अन्त में अख़बार के प्रथम संस्करण में अपनी ख़बर को देखने का मौक़ा मिला।

यहाँ मैं यह भी बताना चाहूँगी कि शुरूआती दौर में कुछ भाषा की वजह से तो कुछ महिलाओं को दबाकर रखने की पुरुष मानसिकता की वजह से सहकर्मियों की ओर से भी चुनौतियाँ आयीं। लेकिन मैंने कड़ी मेहनत की और पाया कि जहाँ कुछ समाचार सम्पादक और मुख्य रिपोर्टर महिलाओं को सहयोग नहीं करते थे वहीं कुछ सम्पादक काफ़ी बढ़–चढ़कर मदद करते थे। 'इंडियन एक्सप्रेस' में पहली नौकरी देने वाले सईद नक़वी से लेकर एस. कृष्णमूर्ति, हिरण्मय कार्लेकर, अरुण शौरी जैसे कई मददगार और प्रेरणादायक सम्पादकों का साथ मिला। जिससे मैं पत्रकारिता में अपना सफ़र तय कर पायी।इस संस्थान में 9 साल तक काम किया। यहाँ मुझे कल्पना शर्मा जैसी महिला पत्रकारों के साथ काम करने का मौका मिला जिससे मैं अपने मुताबिक़ इंडियन एक्सप्रेस के लिए स्टोरी करती गयी। इस तरह मैंने अपना पत्रकारिता का सफ़र 'इंडियन एक्सप्रेस' से आरम्भ किया था और मैं वहाँ साल 1982 से साल 1991 तक रही।

प्रश्न–आपने कई स्टोरीज़ पर काम किया होगा, अभी तक आपकी कोई ऐसी कवरेज या स्टोरी जो पत्रकारिता में आने वाले बच्चों को प्रेरित कर सके?

उत्तर–मुझे लगता है कि इस तरह के कई उदाहरण हैं जो हमें पत्रकारिता की पढ़ाई के दौरान सीखने को मिले थे। हमें कहा गया था कि हमें उन लोगों के लिए लिखना चाहिए, जो अख़बार नहीं ख़रीद पाते और टेलीविज़न में उनके लिए स्टोरी करनी चाहिए, जो टीवी ख़रीदने में सक्षम नहीं है या जो ग़रीब लोग हाशिये पर होते हैं और जिनकी आवाज़ नहीं सुनी जाती। इसी विचार को लेकर मैंने जगह–जगह घूमना शुरू किया। जिससे मज़दूरों, ग़रीब किसानों और बाल मज़दूरों इत्यादि के दुखों का मुझे सीधा अनुभव हुआ। ऐसा ही अनुभव मैं यहाँ साझा करना चाहूँगी, "तमिलनाडु के शिवकाशी ज़िले में पटाखे की फैक्टरी में काम कर रहे 10 साल से कम उम्र के बच्चे या फिर कर्नाटक के बेल्लारी ज़िले में लौह अयस्क की खान में काम कर रहे छोटे बच्चों के दृश्य वाक़ई आँख खोलने वाले हैं।"

मैंने सूखे के सालों में किसानों की आत्महत्या की ख़बरें भी की हैं। सूखे में फसल बर्बाद हो जाने पर महज़ बीस हज़ार रुपये न चुका

पाने की स्थिति में मैंने एक किसान परिवार की आत्महत्या की ख़बर की, जिसमें अपने 4 बच्चों और पत्नी सहित किसान ने आत्महत्या कर ली थी। मेरा मानना है कि भावनात्मक स्तर पर ऐसी घटनाओं की रिपोर्टिंग करना काफ़ी कठिन होता है।

भारत के अलावा मुझे कुछ यादगार रिपोर्टिंग अन्य देशों में भी करने का अवसर मिला। मुझे याद है युगांडा में एक बार 'राकई' नाम के एक गाँव में मैंने एक स्टोरी की थी, जिसमें एड्स की चपेट में आने से गाँव के सभी बालिग लोगों की मौत हो गयी थी, सिर्फ़ बच्चे जीवित रह गये थे। युगांडा में एक समय था जब 33 प्रतिशत लोग एड्स से पीड़ित थे।

इसके बाद मैं अफ़गानिस्तान कवरेज करने गयी, जहाँ लोगों पर युद्ध के प्रभाव पर रिपोर्ट के लिए मैंने हेरात शहर से लेकर काबुल तक की यात्रा की। विदेशी पत्रकार ज़्यादातर हिंसा से जुड़ी ख़बरों पर काम करते हैं, लेकिन मैंने अफ़गानिस्तान के युवाओं, महिलाओं, बच्चों और अफ़गान मीडिया पर स्टोरी की कि ये लोग 30 साल से भी अधिक समय तक युद्ध की स्थिति में कैसे रहा करते थे? इस दौरान उनकी उम्मीदें क्या थीं?, अपेक्षाएँ क्या थीं? मेरा मानना है कि घटनास्थल पर जाने पर ही किसी घटना के बारे में सही तस्वीर मिल पाती है और इसलिए मैंने इस क्षेत्र से कई स्टोरी कीं।

मीडिया से जुड़े छात्रों और पत्रकारों की युवा पीढ़ी से मैं अक्सर कहती हूँ कि पत्रकारिता के पेशे में उनमें ख़बरों को लेकर जागरूकता होनी चाहिए और रिपोर्टिंग के लिए उन्हें ख़ूब घूमना चाहिए। ताकि वे कुछ बेहतर कर सकें। आप जोश–उत्साह के बिना पत्रकारिता नहीं कर सकते। यह एक आजीवन संकल्प है लेकिन दुर्भाग्यवश मीडिया के बढ़ते व्यवसायीकरण के कारण आज पत्रकारिता में लॉबिंग और पी.आर. को ज़्यादा प्राथमिकता मिल रही है।

प्रश्न–एक पत्रकार का प्रोफ़ेशन काफ़ी कठिनाइयों से भरा होता है, ऐसे में आपने उस दौर में टेलीविज़न पत्रकारिता में जगह बनायी, जब वहाँ पुरुषों का वर्चस्व था।

उत्तर–अगर हम पुरुष वर्चस्व की चिन्ता करते तो कभी आगे नहीं बढ़ पाते। जब तक आप पत्रकारिता के पेशे में हैं आपको ईमानदारी से काम करना चाहिए। मैं हमेशा टेलीविज़न के लिए काम करना चाहती थी, जब मैं प्रिंट पत्रकारिता में थी, तब मैं दूरदर्शन के लिए प्रसिद्ध लोगों के साक्षात्कार किया करती थी, इससे मुझे टेलीविज़न से जुड़ी तकनीक

से रू–ब–रू होने का मौक़ा मिला और कैमरे का सामना करने में भी सहूलियत हुई। इससे मुझे टेलीविज़न में प्रवेश का मौक़ा मिला और मैंने एनडीटीवी में नौकरी शुरू की, जहाँ बारह साल तक रिपोर्टिंग की। सच कहुँ तो प्रिंट पत्रकारिता की तुलना में टीवी में काम करना महिलाओं के लिए ज़्यादा अच्छा है। आप जानकर हैरान होंगे कि एनडीटीवी में एक समय ऐसा भी था, जब पुरुष सहकर्मियों की तुलना में महिला कर्मी ज़्यादा थीं।

प्रश्न–एक सफल पत्रकार के बाद आपने एक सफल लघु फ़िल्म निर्माता के तौर पर भी सफल पारी खेली, इस सम्बन्ध में अपनी यात्रा हमसे शेयर करें?

उत्तर–मुझे नयी चुनौतियाँ हमेशा पसन्द रही हैं। जब मैं टीवी में थी, तो डॉक्यूमेंट्री फ़िल्म बनाने की इच्छा रखती थी। साल 1995 में मैंने पहली डॉक्यूमेंट्री 'ड्राई डेज़ इन डुबगुंटा' बनायी जो गाँव में शराब के ख़िलाफ़ ग्रामीण महिलाओं के संघर्ष की कहानी है। मेरी यह पहली फ़िल्म 1997 में ज़िम्बाब्वे के हरारे में अन्तरराष्ट्रीय पुरस्कार के लिए चुनी गयी। इसके बाद मैंने कभी पीछे मुड़कर नहीं देखा। मैं बीबीसी के लिए डॉक्यूमेंट्री बनाने के साथ ही टीवी पत्रकारिता में भी जम गयी। मैंने 'मदर्स ऑफ़ मलप्पुरम; लॉस्ट जेनरेशन,' 'माइकल जैक्सन कम्स टू मानिकगंज' 'नो कंट्री फॉर यंग गर्ल्स' जैसी कई फ़िल्में बनायीं। 'माइकल जैक्सन कम्स टू मानिकगंज' के निर्देशन के दौरान मैंने 5 दक्षिण एशियाई देशों, भारत, पाकिस्तान, श्रीलंका, बांग्लादेश और नेपाल में शूटिंग की। इस दौरान मुझे कई जगह से शूटिंग की अनुमति लेनी पड़ी, जो काफ़ी संघर्षपूर्ण रहा। मानिकगंज बांग्लादेश का एक गाँव है, जहाँ माइकल जैक्सन कभी गये थे। मेरी नज़र में डॉक्यूमेंट्री बनाना जीवन्त कहानी कहने की एक अच्छी विधा है।

प्रश्न–एक पत्नी, एक माँ और एक सफल पत्रकार की भूमिका आपने कैसे तय की। युवा पत्रकारों को अपने सन्देश से मीडिया में पत्रकार की भूमिका पर कुछ विचार साझा करें?

उत्तर–मेरी शादी और पत्रकारिता में मेरा प्रवेश एक साथ हुआ। इसलिए दोनों में तालमेल बैठाने की अभ्यस्त रही। एक पत्रकार और डॉक्टर की जोड़ी के रूप में हम दोनों ने एक–दूसरे के काम की कठिनाइयों को समझा। इससे हमारा जीवन काफ़ी आसान हुआ। मैं समझती हूँ कि

महिला पत्रकारों को घर और काम दोनों पर सक्षमता के साथ तालमेल बैठाना होता है। ऐसा इसलिए हो पाता है, क्योंकि हम महिला पत्रकार मानसिक रूप से काफ़ी मज़बूत और एक साथ कई काम करने में सक्षम होती हैं। महिला पत्रकार सत्ता के सामने सच्चाई कहने में हिचकती नहीं है और इसके लिए उन्हें कई बार क़ीमत भी चुकानी पड़ती है।

मृणाल पाण्डे

एक महिला पत्रकार क़लम की ताक़त का प्रयोग करके कैसे एक सफल पत्रकार, सफल कहानीकार, सफल निबन्धकार और लेखक बन सकती है, इसे अपने जीवन में चरितार्थ कर दिखाया है वरिष्ठ महिला पत्रकार मृणाल पाण्डे ने। मृणाल जी क़रीब 50 सालों से मीडिया से जुड़ी हैं। आम बोलचाल के शब्दों को कैसे लेखनी में पिरोकर पाठकों तक पहुँचाया जा सकता है, वे इसका जीता–जागता उदाहरण हैं। हिन्दी साहित्य के बड़े–बड़े लेखक जिसमें अपना लेख प्रकाशित होने का ख़्वाब देखते हैं, मृणाल जी को मात्र इक्कीस साल की उम्र में उसी हिन्दी साप्ताहिक 'धर्मयुग' में पहली कहानी प्रकाशित होने का सौभाग्य प्राप्त हुआ। तब से शुरू हुआ सफ़र, आज भी अनवरत जारी है। अपनी लगन और प्रतिभा के बल पर आज वे सफलता की उस ऊँचाई पर हैं, जहाँ पहुँचने की हसरत हर शख़्स के दिल में होती है।

मृणाल जी का कहना है कि हर महत्त्वपूर्ण पेशे की तरह पत्रकारिता के साथ भी अभिव्यक्ति के क्षेत्र से जुड़े अपने अधिकारों के साथ दूसरों की अभिव्यक्ति की आज़ादी और निजता का सम्मान करने और सच को एकाधिक पहलुओं से परखकर, लांछित पक्ष को अपनी बात कहने का मौक़ा देने के बाद ही ख़बर पेश करने जैसी ज़िम्मेदारियाँ अनिवार्यतः जुड़ी हैं। पिछले सालों में खोजी पत्रकारिता की स्पीड और प्रभाव के दायरे बढ़ने के साथ ही उसकी छवि में बार–बार दाग लगने लगे हैं, कभी पेड न्यूज़ के, कभी निजी या अपने व्यवस्थापकों के हित साधने

वाली राजनीतिक पक्षधरता के, तो कभी कॉरपोरेट घरानों की दलाली के। इससे जनता और ख़ुद पत्रकारों के बीच भी यह मान्यता बलवती हुई है कि पत्रकारिता के भी अपने स्पष्ट नैतिक मानदण्ड होने चाहिए जैसे कि डॉक्टरी या वकालत के लिए हैं। यह मानदण्ड हर तरह की पत्रकारिता के लिए एक ही जैसे होंगे क्योंकि अन्ततः ख़बर जिस भी रूप में आये उसके मूल में पाठकों या दर्शक–श्रोताओं को जनहित में, पूरी तटस्थता के साथ सही सटीक जानकारी देने का ही लक्ष्य होता है या होना चाहिए।

प्रसार भारती की अध्यक्ष रह चुकी मृणाल पाण्डे इससे पहले देश में सबसे ज़्यादा पढ़े जाने वाले अख़बारों में से एक हिन्दी दैनिक 'हिन्दुस्तान' की सम्पादक रह चुकी हैं। साथ ही, लोकसभा चैनल के साप्ताहिक साक्षात्कार कार्यक्रम 'बातों–बातों में' का संचालन भी करती रही हैं। मध्यप्रदेश के टीकमगढ़ में जन्मी मृणाल जी की प्रारम्भिक शिक्षा नैनीताल में हुई। इलाहाबाद विश्वविद्यालय से एमए और फिर अंग्रेज़ी एवं संस्कृत साहित्य, प्राचीन भारतीय इतिहास, पुरातत्त्व, शास्त्रीय संगीत और ललित कला की शिक्षा उन्होंने कारकारन (वाशिंगटन डीसी) से पूरी की। उनकी शिक्षा भारत और विदेश में होने के कारण मृणाल जी के लेखन में आज़ादी के बाद के भारतीय परिवेश का वर्णन देखने को मिलता है। मृणाल जी की चर्चित किताबों में 'देवी की देवी' (2000), 'बेटी की बेटी' (1993), 'जो कि राम हाथ ठहराया' (1993), 'विषय नारी' (1991), 'अपना ख़ुद का गवाह' (2001) आदि शामिल हैं। इसके अलावा मृणाल पाण्डे की 'यानी कि एक बात थी', 'बचुली चौकीदारिन की कढ़ी', 'एक स्त्री का विदा गीत' और 'चार दिन की जवानी तेरी' आदि कई प्रसिद्ध कहानियाँ रही हैं। 'अपनी गवाही', 'हमका दियो परदेस', 'रास्तों पर भटकते हुए' जैसे उनके उपन्यासों ने समाज को एक नयी दिशा देने का काम किया है। 'जहाँ औरतें गढ़ी जाती हैं' उनका चर्चित आलेख रहा है।

पत्रकारिता में एक पत्रकार की भूमिका पर उनका कहना है कि स्वस्थ मीडिया के लिए पहली नैतिकता ख़बर की प्रामाणिकता से जुड़ी है। राज–समाज की ग़लतियों को आगे लाना पत्रकार का कर्तव्य है, लेकिन यह काम पत्रकारिता की ओट में छापामार युद्ध छेड़कर किसी पत्रकार या संस्थान के अहं की सन्तुष्टि का हिसाब चुकता करने के लिए नहीं किया जा सकता। अदालती फ़ैसला आने से पहले सम्पादक तथा रिपोर्टर अपनी ख़बरों की धारदार निशानेबाज़ी को कुछ समय बाद भूल भी जायें,

तो भी जिसे उन्होंने निशाना बनाया था, वह कई बार जनता की अदालत से बरी नहीं हो पाता। अभी आरुषि के पिता पर हुआ जानलेवा हमला इसकी ताज़ा मिसाल है। इसलिए ज़िम्मेदार पत्रकारिता और पत्रकारीय आचरण संहिता की बात उठाना अभिव्यक्ति की आज़ादी के ख़िलाफ़ कोई षड्यन्त्र नहीं बल्कि समय रहते अपना घर व्यवस्थित कर लेने की सामयिक माँग है।

कहा जाता है कि कठोर नैतिक मानदण्ड सरकारी दमन के लिए राह खोलकर पत्रकारों के काम में भी अड़चन पैदा करेंगे। पर हमको मानना होगा कि नयी तकनीकी और बढ़ती प्रतिस्पर्धा के असर ने आज ख़बरें जमा करने और उनको जारी करने के बीच का वह अन्तराल लगातार घटाया है, जिसका सदुपयोग पत्रकार हर तरह की सूचना की बारीक़ पड़ताल करने और उसकी पृष्ठभूमि के बाबत अनुभवी सम्पादकीय सहकर्मियों की राय जानने के लिए किया करते थे। 24x7 ख़बरिया चैनलों में तो इस हड़बड़ी का सबसे ख़राब रूप दिखता है जहाँ किसी की भी इज़्ज़त को बिना पूरी जानकारी के, निहायत अधकचरी अपुष्ट जानकारी के बूते कीचड़ में लथेड़ा जाने लगता है और फिर टोके जाने पर अचानक बिना किसी क्षमायाचना के वह ख़बर हटा ली जाती है। प्रत्युत्तर या सफ़ाई देने का कोई हक़ पीड़ित पार्टी को दिये बिना। कोर्ट की कार्रवाई अवश्य लम्बी–होती है लेकिन अदालती फ़ैसले के आने से पहले ही अपना फ़ैसला सुनाने का हक़ मीडिया को कैसे दिया जा सकता है?

सवाल है कि फिर जवाबदेही और मानदण्ड बनाने की शुरुआत कहाँ से हो? तो अख़बार का पहला पहरुआ तो प्रतिष्ठान का स्वामित्व ख़ुद है उसको यह काम शुरू में ही कर लेना चाहिए। लेकिन हाल के दिनों में देश के बड़े–बड़े अख़बारों तथा चैनलों ने पैसा उगाही के लिए प्राइवेट ट्रीटीज़ तथा पेड न्यूज़ का दामन जिस तरह थामा है उससे ज़ाहिर है वे यह काम करने के बहुत इच्छुक नहीं होंगे। संसद में बैठे दलों ने चिन्ता ज़रूर जतायी लेकिन अपने प्रतिपक्षी को ही उत्तरदायी मानकर इतिश्री कर ली। पक्षधर मीडिया की ज़रूरत हर किसी को रहती है उससे स्थायी बिगाड़ वे क्यों मोल लें? फिर आती हैं प्रेस काउंसिल सरीखी संस्थाएँ, पर उन पर भी वही बड़े घराने क़ाबिज़ दिखते हैं जिनके असर से ठाकुरता कमेटी की पेड न्यूज़ सम्बन्धी रपट में पानी मिलाकर बात रफ़ा–दफ़ा करवा ली जाती है। रहे पत्रकारों के संगठन जैसे कि एडिटर्स गिल्ड या

प्रेस क्लब, तो वहाँ भी कई बड़े सम्पादकों के अपनी कम्पनी के मालिक या शेयरधारक बन जाने से मन बँटे हुए नज़र आ रहे हैं। गिल्ड ने एक शपथपत्र पर हस्ताक्षर करवाकर पेड़ न्यूज़ पर रोक लगाने का जो प्रयास किया वह भी ख़ास असर नहीं दिखा सका है। और निर्वाचन आयोग ने तारीफ़ लायक रोक लगाने की पहल ज़रूर की है लेकिन उनके हुक्म का असर सीमित निर्वाचन क्षेत्र में चुनाव की अवधि तक ही सीमित है। कुछ घरानों ने लोकपाल रखे भी हैं, लेकिन क्या एक वेतनभोगी लोकपाल मालिकान के ख़िलाफ़ जाकर भी बचा रह सकता है?

कुल मिलाकर उम्मीद की सूई उपभोक्ता पर ही टिकती है। वह जमकर बहिष्कार करेगा तभी ख़बरचियों का यह बिगड़ैल विश्व सुधरेगा। पश्चिम में यह हुआ है और नये मीडिया ने उपभोक्ता को जब से समान्तर ख़बर धाराओं से जोड़ दिया है तब से अख़बार काँपते हुए सुधारों की बात करने लगे हैं। पर नया मीडिया अभी अपेक्षया निरंकुश बना हुआ है। अनौपचारिक ख़बरिया मंचों के फ़ायदे ज़रूर हैं लेकिन अलकायदा जैसे गुटों के ग़लत हाथों में पड़ने ने इनके सम्भावित ख़तरों को भी दिखा दिया है।

भविष्य का सबसे बड़ा सवाल है बाज़ार से अधिक पैसा उगाही के चक्कर में सम्पादकीय विवेक तथा फ़ैसलों के ऊपर मार्केटिंग विभागों के बढ़ते असर पर रोक। मीडिया की लगभग हर नयी विकृति के मूल में यही है। चाहे मसला पेड न्यूज़ का हो या सरकारी सम्पर्क को भुना कर डीएवीपी विज्ञापन लाने का या ख़बरों को चतुराई से मोड़ देकर और राजनेताओं से पैरवी कराकर कार्पोरेट सम्प्रभुओं की दलाली करने का।

पत्रकारिता में आने वाली नयी पीढ़ी के लिए उनका कहना है कि पत्रकारिता के लिए फिलवक़्त तीन आवश्यक बिन्दु ग़ौरतलब हैं : प्रामाणिकता बहाली, सूचनाओं की साइबर स्पेस से बिना पड़ताल चोरी और कट–पेस्ट की बढ़ती वृत्ति पर रोक, जिसने विचारों की विदाई करा दी है।

प्रश्न–जब मैंने मृणाल जी से जानना चाहा कि पत्रकारिता को लेकर आपका भावुक दिन कौन–सा था जब आपने पत्रकारिता छोड़ने की सोची?

उत्तर–आपका सवाल काफ़ी सतही है। सही पत्रकारिता किसी भी मुद्दे पर भावुकता से द्रवित होकर नहीं, तटस्थ होकर तर्क और प्रमाण के साथ की जाती है।

प्रश्न–एक पत्नी, एक माँ और एक सफल मीडिया हस्ती का दायित्व सफलतापूर्वक आप कैसे निभा पाती हैं?

उत्तर–आपका यह सवाल मुझे सतही और कुछ अपमानजनक लगा। क्या आपने कभी किसी पुरुष (लेखक या पत्रकार) से यह पूछने की सोची कि वह पिता और गृहस्थ होकर भी सफल लेखक आदि कैसे बन सका?

मृणाल जी के इस जवाब ने मुझे अन्दर तक झकझोर दिया। मुझे अपनी इस सोच पर अफ़सोस हुआ कि एक ओर मैं दिन–रात महिला–पुरुष बराबरी की बात करती हूँ और समाज में स्त्री सशक्तीकरण के लिए लिखती हूँ। पर क्या मैंने कभी महिलाओं के बारे में वरिष्ठ और आदरणीय साथी की तरह सोचा। शायद नहीं, एक बार फिर मुझे मृणाल जी के लेखन, सोच और जवाब ने निरुत्तर कर दिया।

राखी बख़्शी

आज ख़बरों की दुनिया बहुत व्यापक हो गयी है। पहले माना जाता था कि केवल पढ़े–लिखे और बुद्धिजीवी ही ख़बरों को देखते और समझते हैं, पर आज ऐसा नहीं है। हिन्दी और प्रादेशिक न्यूज़ चैनलों की सुविधा, इंटरनेट और पहले से मौजूद अख़बार एवं पत्र–पत्रिकाएँ इसमें अपनी महत्त्वपूर्ण भूमिका निभा रहे हैं। ऐसे में पत्रकारों पर भी काम का दबाव और जवाबदेही बढ़ी है। मीडिया में राखी बख़्शी एक ऐसा नाम हैं, जिन्हें लोकसभा अध्यक्ष की पहली महिला प्रेस सलाहकार के रूप में काम करने का गौरव प्राप्त है। इसके पहले राखी जी एक पत्रकार के रूप में दूरदर्शन, जी न्यूज़ और राज्यसभा टेलीविज़न में भी काम कर चुकी हैं।

अपने पत्रकारिता के सफ़र के विषय में राखी जी बताती हैं कि मेरे पिता जी बिहार में एक सरकारी अधिकारी के रूप में कार्य करते थे और उनके तबादले के कारण हमें बहुत जगहों पर जाने का मौक़ा मिला। मुझे लगता है कि मेरी रिपोर्टिंग का जो डीएनए बना है, वो बचपन में मेरे पिता जी के साथ उन ज़गहों पर रहने से बना है। हमेशा नया स्कूल, नये दोस्त, नया माहौल, मुझे लगता है कि जो हर बार नये लोगों से साक्षात्कार हो रहा था और मैं जो साक्षात्कार करती हूँ, तो इन दोनों में आपस में बहुत गहरा रिश्ता है कि कैसे नये लोगों से सम्पर्क बनाना है, वो अनुभव आज मुझे पत्रकारिता में काम आ रहा है। मेरे घर में पढ़ाई को लेकर हमेशा गम्भीरता रही, हमेशा हमारे ऊपर प्रथम आने का दबाव था, इस वजह से मैं कभी पढ़ाई में द्वितीय आयी ही नहीं, मुझे सपनों में

भी अपनी परीक्षा के पेपर याद रहते थे। बिहार हमेशा देश भर में अपनी कमज़ोर क़ानून व्यवस्था को लेकर निशाने पर रहता है। लेकिन उसी राज्य में स्थित पटना वीमेंस कॉलेज से मैंने साल 1992 में इतिहास ऑनर्स में टॉप किया। यहाँ मैं यह ज़रूर बताना चाहूँगी कि हमारे कॉलेज की गणना देश के बीस शीर्ष कॉलेजों में होती है। हमारे कॉलेज में अनुशासन, मौलिक दायित्व को महत्त्व देकर छात्रों को पढ़ाई के साथ–साथ एक बेहतर नागरिक बनाने का प्रयास किया जाता है। उन दिनों मेरी माँ बहुत बीमार थीं और कुछ समय बाद उनका निधन हो गया। मुझे इस बात का गर्व है कि माँ और कॉलेज ने मुझे मानवता और पढ़ाई दोनों के बीच तालमेल बिठाकर जीवन में आगे बढ़ने की सीख दी। शायद इसी वजह से मैंने अपनी बीमार माँ की सेवा भी की और कॉलेज में भी प्रथम स्थान हासिल किया। मुझे लगता है कि एक पत्रकार बनने के लिए जो कर्मठता, मेहनत, ज्ञान और अनुशासन चाहिए होता है, उसकी नींव कॉलेज और मेरी माँ ने पहले ही डाल दी थी। यहाँ मैं अपनी दिवंगत माँ के प्रति श्रंद्धाजलि स्वरूप उनकी दो बातों का ज़िक्र करना चाहूँगी कि माँ ने कहा था कि जीवन में कुछ ऐसा करना जिससे तुम दूसरों की मदद कर सको, इसलिए तुम आईएएस अधिकारी या लेखक बनना।

आज से 40 साल पहले बिहार में महिला शिक्षा के लिए माहौल उतना सकारात्मक नहीं था। इसी कारण पटना यूनिवर्सिटी में जब मैंने आगे की पढ़ाई (एमए) करने की सोची, तो उस समय वहाँ लड़कियों के साथ अभद्रता की घटनाएँ मैं सुनती रहती थी। इसी के चलते मैंने अपनी आगे की पढ़ाई दिल्ली विश्वविद्यालय से करने की सोची। मुझे लगता है कि बिहार में अधिकतर महिलाएँ या तो बीच में ही पढ़ाई छोड़ देती हैं या वे बिहार से बाहर जाकर अपना करियर बनाती हैं। साथ ही मैं यह भी कहना चाहूँगी कि उस समय लड़कियों में जो लाचारी मुझे दिखती थी उसने मुझे पत्रकार बनने के लिए प्रेरित किया।

मुझे लगता है कि पत्रकारिता में मेरी खोज किशोरावस्था से ही शुरू हो गयी थी, पर एक हादसा जिसने मुझे पत्रकार बनने के लिए विवश कर दिया वह है–अस्पताल में अव्यवस्था को देखने का अनुभव। कई चीज़ें देख चुकी थी जैसे भ्रष्टाचार, अफ़सरशाही, सड़क, बिजली, पानी की कमी, मोहल्लों में फैला कूड़े का ढेर, चारों तरफ़ पसरी लाचारी। जब पता चला कि माँ को कैंसर है, हम सब स्तब्ध थे, पटना के जिस अस्पताल

में वे अन्तिम दिनों में थीं वहाँ डॉक्टरों की सलाह के बावजूद ऑक्सीजन उपलब्ध नहीं हो पायी, इन सब हालातो में माँ का निधन हो गया। तभी मैंने निश्चय किया कि अब सच को बाहर निकालना ही होगा। मैंने पटना में 'टाइम्स ऑफ़ इंडिया' के कार्यालय जाकर, उत्तमसेन गुप्ता जो वहाँ रेज़ीडेन्ट एडिटर के पद पर कार्यरत थे, से इस विषय पर बात की और उन्होंने मुझे एक मौक़ा दिया। इस तरहमेरा पहला आर्टिकल 'द डेथ बाज़ार' टाइम्स ऑफ़ इंडिया के आधे पेज पर छपा।मैंने अस्पताल के गेट पर बिक रही मौत से सम्बन्धित सामग्री के बाज़ार के बारे में लिखा था। आज पत्रकार हूँ इसका श्रेय मेरी माँ के हौसले और उम्मीद को जाता है।

मेरा पहला टीवी असाइनमेंट

जब मैंने नयी दिल्ली में 'मूवी पिक्चर कम्पनी' में टीवी की पहली नौकरी की शुरुआत की तो मेरे बॉस रमेश शर्मा ने कहा मुझे एक बड़ा इंटरव्यू चाहिए तो मैं बड़े उत्साह और जोश से ओतप्रोत पहुँच गयी प्रणब दा के यहाँ। भारत के पूर्व राष्ट्रपति प्रणब मुखर्जी उस समय कांग्रेस के बड़े नेता थे। कैमरे के साथ पहुँची, पर भूल गयी थी कि साक्षात्कार टेलीविज़न के लिए है। बस बातों का सिलसिला शुरू! पेज पूरा भर चुका था, प्रिंट मीडिया से आयी थी तो टीवी के सीमित विस्तार को नहीं समझ पायी। वापस आयी तो शाबाशी मिली और साथ ही बॉस ने सलाह भी दी कि थोड़ा संक्षेप में लिखा करो। टीवी इंटरव्यू का सिलसिला फिर ऐसा चला कि मैंने बड़े–बड़े नेताओं के संवाद कोकैमरे में क़ैद किया। एक जुझारू राजनीतिक पत्रकारिता का जन्म हो चुका था वह यात्रा आज तक चालू है।

'द क्वेस्ट' में अरूण जेटली

राज्यसभा टेलीविज़न में मेरा एक कार्यक्रम जाता था, जिसका नाम था 'द क्वेस्ट' इस कार्यक्रम का मक़सद राजनीतिक छवि के व्यक्तियों का व्यक्तित्व जनता के सामने लाना था। इस कार्यक्रम में मुझे अरुण जेटलीजी का साक्षात्कार करके बहुत कुछ सीखने को मिला। साक्षात्कार से पहले मैंने जेटली जी पर अच्छे से रिसर्च किया था और कार्यक्रम में सही समय पर, सही ढंग से सवाल पूछे। सभी जानते हैं कि भाजपा के वरिष्ठ नेता अरुण जेटली एक नेता के साथ–साथ बहुत बड़े वकील भी थे।

कार्यक्रम के अन्त में उन्होंने कहा कि तुमने तो काफ़ी गहराई से रिसर्च किया है।

देश की पहली महिला लोकसभा अध्यक्ष के साथ देश की पहली महिला मीडिया सलाहकार के रूप में काम करने का अनुभव मेरे लिए बहुत ही भावुकता भरा क्षण रहा है। इस सफ़र की शुरुआत उस समय हुई जब मैं डीडी न्यूज़ में राजनीतिक रिपोर्टिंग करती थी और उसी दौरान मुझे मीरा कुमार जी के साथ काम करने का मौक़ा मिला। उस समय मेरा काम देखा जा रहा था, मुझे याद है पहले मीरा कुमार जी मन्त्री थीं, फिर उन्हें देश की पहली महिला लोकसभा अध्यक्ष बनाने का फ़ैसला लिया गया। ऐसा नहीं था कि मैं उन्हें जानती थी, पर उन्होंने मेरा काम टेलीविज़न पर देखा था और मेरे काम के विषय में सुना था। जब उनसे मिलने का मौक़ा मिला। और मीरा जी और मेरे बीच बात हुई कि आप यह जॉब लेना चाहेंगी, तो उस समय मुझे लगा था कि मैं एक पत्रकार हूँ और यह एक मीडिया मैनेजमेंट का काम है क्या मैं इसे कर पाऊँगी? यह मैं कहना चाहूँगी कि लोगों को लगता है कि ऐसी जॉब के लिए बहुत सिफ़ारिश और कई तरह के हथकण्डे अपनाने पड़ते हैं, पर मुझे ऐसे किसी काम को नहीं करना पड़ा। मेरे काम के बल पर मुझे यह पद मिला और गरिमा के साथ मैंने इस पद पर कार्य किया। 'सफलता के लिए कोई शॉर्टकट नहीं होता, आपको लगातार मेहनत करते रहना होता है।'

लोकसभा अध्यक्ष के साथ काम करते हुए मुझे लगता है कि मैंने दो बड़े असाइनमेंट्स किये। जिसमें पहला था अमेरिका के पूर्व राष्ट्रपति बराक ओबामा का भारत दौरा जिस पर पूरी अमेरिकी मीडिया के साथ समन्वय बैठाना और संसद में अमेरिकी राष्ट्रपति के सम्बोधन की व्यवस्था करना शामिल था। यह मेरी पत्रकारिता का सबसे बड़ा असाइनमेंट था क्योंकि एक पत्रकार के तौर पर हम लोग ऐसी किसी भी ख़बर को कवर तो कर लेते हैं, पर ऐसे अन्तरराष्ट्रीय आयोजनों की व्यवस्था करना मेरे लिए एक बहुत बड़ी ज़िम्मेदारी थी। जब बराक ओबामा भारत आये तो उन्होंने संसद में अपने सम्बोधन में कहा था कि–"ये है कहानी भारत की...दोनों देशों क़े इतिहास जिन्होंने हमें अलग भी रखा है लेकिन हम ये जान लें कि हम साथ–साथ क्या कुछ कर सकते हैं...तभी हम ऐसी दुनिया मेंरहेंगे...जिसमें न्याय हो...धन्यवाद...जय हिन्द!"

लोकसभा अध्यक्ष मीरा कुमार ने कहा था कि "भारत की संसद में आने से दोनों देशों का रिश्ता और प्रगाढ़ हो जायेगा। उन्होंने कहा कि भारतीय सांसदों की ओर से अमेरिकावासियों, आपकी पत्नी को शुभकामनाएँ।"

ऐसे में मुझे आज भी उस पल को याद करके गौरव महसूस होता है कि इस क्षण की मैं न केवल प्रत्यक्ष साक्षी बनी बल्कि मुझे लोकसभा अध्यक्ष जैसे ग़रिमामय पद की महिला के साथ इस ऐतिहासिक अवसर पर काम करने का मौक़ा मिला। दूसरा म्यांमार की नेता आंग सान सू ची का भारत दौरा। उनके भारत दौरे में पूरे मीडिया मैनेजमेंट और तमाम व्यवस्था करने का मुझे अवसर मिला। मुझे याद है कि जिस दिन आंग सान सू ची भारतीय संसद में आयी थीं, उस दिन मैं थोड़ी बीमार भी थी, लेकिन मीरा कुमार जी और सू ची का व्यक्तित्व ऐसा है जो हमें जीवन में आगे बढ़ते रहने की प्रेरणा देता है। जब आप अपनी कड़ी मेहनत और अनुभव के पड़ाव को पार करते हुए आगे बढ़ते हैं, तो आपके अन्दर एक ऐसी ऊर्जा और बल आ जाता है, जिसके लिए आपको जीवन में तमाम कठिनाइयों के बावजूद कभी शॉटकर्ट लेने की ज़रूरत नहीं होगी।

पत्रकारिता में अपने भावुक पल के विषय में राखी जी का कहना है कि जब मैंने पत्रकारिता शुरू की उस समय इस क्षेत्र में बहुत कम महिलाएँ थीं, लेकिन आज चुनौतियाँ और ज़्यादा बढ़ गयी हैं। जैसे कि अगर कोई महिला पत्रकार आगे बढ़ती है, तो कहा जाता है कि वह किसी ग़लत रास्ते का सहारा लेकर आगे बढ़ी है। लोग बिना जाने–पहचाने महिला पत्रकार के चरित्र पर उँगली उठाने लगते हैं, उसका नाम किसी के साथ भी जोड़ने लगते हैं। मुझे भी यह सुनना पड़ा कि अगर आप आगे बढ़ रहे हैं, तो क्या किसी पुरुष की सहायता से बढ़ रहे हैं? या आप राजनीतिक रिपोर्टिंग कर रहे हैं, तो आरोप लगते हैं कि क्या आपने किसी नेता के साथ अपनी नज़दीकियाँ कुछ ज़्यादा बढ़ा ली हैं? ऐसी बातें जब हमें सुनने को मिलती है, जिसे हम नाम देते हैं, किसी के चरित्र पर टीका–टिप्पणी करने का। मुझे लगता है कि न केवल मुझे बल्कि मेरी कई महिला साथियों को ऐसा सुनने को मिलता है, जो हमें बहुत दुख देता है। मेरा मानना है कि लोग ऐसा इसलिए करते हैं ताकि जो काम हम कर रहे हैं, उसमें हम थक जायें, उसमें दरार आ जाये और हम शायद अपना काम छोड़ दें और न करें।

ऐसी चुनौतियाँ जितनी आपको मिलती हैं उतना ही आप में साहस आ जाता है। सिर्फ़ और सिर्फ़ आपका काम, आपकी मेहनत, आपका आत्मविश्वास, आपका ज्ञान, अगर आप इसको साथ लेकर आगे बढ़ेंगे, तो दुनिया में कोई ताक़त न तो आपको पीछे धकेल सकती है न ही आपके ऊपर लांछन लगा सकती है और अगर लगायेगी भी तो वे पीछे होंगे और आप आगे बढ़ोगे। ऑफ़िस में देर रात तक काम करना, देश भर में अवकाश वाले दिन काम करना इन चीज़ों को लेकर आपको घर और बाहर दोनों जगहों पर निन्दा सुनने को मिलती है। पर यहाँ आपको ही यह समझना होगा कि ये लोग हमारे प्रोफ़ेशन की बारीकियाँ नहीं समझते। पर जब आपको सफलता मिलती है और आप टेलीविज़न पर दिखते हैं, मुझे याद है कि मैं एक जगह गयी थी, जहाँ मेरे पोस्टर लगे हुए थे, तो मेरे उन्हीं रिश्तेदारों ने जो मेरे प्रोफ़ेशन को लेकर ताने मारते थे, मेरी प्रशंसा की।

ब्रेकिंग न्यूज़ के लिए उनका अनुभव

ज़ी न्यूज़ में जब मैं जम्मू–कश्मीर की ब्यूरो चीफ़ के रूप में काम कर रही थी। इसके लिए मैं अपने ज़ी न्यूज़ के उस समय के अपने साथियों और सम्पादक को धन्यवाद देना चाहूँगी, क्योंकि उस समय यह सोचा भी नहीं जा सकता था कि कोई महिला जम्मू–कश्मीर जाकर ब्यूरो चीफ़ का कार्यभार सँभाल पायेगी। ऐसे समय में मैं वहाँ गयी और वहाँ जाकर पूरा ऑफ़िस व्यवस्थित किया। उस समय दो बड़े मौक़े मुझे मिले, पहला कारगिल युद्ध मैंने कवर किया। जम्मू–कश्मीर होते हुए मैं कारगिल गयी थी और ज़ी न्यूज़ के लिए मैंने उसे कवर किया। दूसरी ख़बर थी साल 1999 की, जब जैश–ए–मोहम्मद के प्रमुख मौलाना मसूद अज़हर को कन्धार विमान अपहरण मामले में भारत ने रिहा किया था। उस समय 'कोट गढ़वाल जेल' मेंमसूद को रखा गया था, भारतीय नागिरकों की सुरक्षा के लिए उसे छोड़ने की बात चल रही थी। इस ख़बर पर मैं पल–पल की नज़र बनाकर रिपोर्टिंग कर रही थी। इस ख़बर पर मैं सभी पुलिस अधिकारियों, यहाँ तक कि डीजीपी को भी उनके घर जाकर और रात में भी फ़ोन करके ख़बर की अपडेट लेती रहती थी। इस पर उन अधिकारियों ने कहा कि अपने काम के प्रति तुम्हारा जो लगाव है उसे हम सलाम करते हैं। इसलिए इतने अच्छे सोर्स मैंने डेवलप किये थे, कि जब आतंकी

'मौलाना मसूद अज़हर' को रिहा किया गया, जो कि एक अन्तरराष्ट्रीय ख़बर थी। यह ख़बर सबसे पहले मेरे पास पहुँची थी और सबसे पहले मैं 'कोट गढ़वाल जेल' पहुँची। उसे जेल से दिल्ली फिर कन्धार ले जाया गया था। जेल से जम्मू एयरपोर्ट तक मैं लगातार उस ख़बर और उन लोगों के साथ थी। इसके बाद जब उस आतंकी को विमान में बैठाया गया, तो विमान में उस आतंकी की जो पहली तस्वीर थी वह मैंने कवर की। इस तरह ज़ी न्यूज़ के पास इस घटना के विजुअल्स थे और मुझे याद है कि उस दिन मुझे न केवल ज़ी न्यूज़ बल्कि दूसरे मीडिया संस्थानों से भी फ़ोन आये थे कि राखी हमें तुम पर गर्व है। यहाँ मैं यह ज़रूर बताना चाहती हूँ कि उन बधाई देने वाले सम्पादकों में से एक सम्पादक ऐसे भी थे, जो कह रहे थे कि आप मीडिया में कुछ कर नहीं पाओगी। उस दिन उन्होंने न केवल मुझे बधाई दी बल्कि कहा कि मैं आपसे माफ़ी माँगता हूँ कि मैंने कभी आपको ऐसा कहा था। मीडिया में आने वाले अपने साथियों से मेरा यह कहना है कि अपने काम को पूरी ईमानदारी से करें तो चाहे कितनी भी बाधाएँ आयें, पर एक दिन सफलता आपको ज़रूर मिलती है और दुनिया आपको सलाम करती है।

वर्तिका नन्दा

"जेलों में तिनके, मीडिया और उम्मीद
दिन बदलेंगे यहाँ भी, पिघलेंगी सलाख़ें भी।"

—डॉ. वर्तिका नन्दा

वर्तिका नन्दा जेल सुधार विशेषज्ञ और मीडिया शिक्षक हैं। वर्तिका लीक से हटकर काम करती हैं और अपराध पत्रकारिता को लेकर नये प्रयोग करती हैं। एक महिला होने के बावजूद वर्तिका ने ख़ौफ़ देती जेलों के अन्दर जाकर क़ैदियों के मनोबल को बढ़ाया है। उन्हें मीडिया और साहित्य के ज़रिये महिला अपराधों के प्रति जागरूकता लाने के लिए भारत के तत्कालीन राष्ट्रपति श्री प्रणव मुखर्जी द्वारा 2014 में अन्तरराष्ट्रीय महिला दिवस पर राष्ट्रपति भवन में स्त्री शक्ति पुरस्कार से सम्मानित किया गया है। जेलों पर देश की अपनी तरह की पहली श्रृंखला–'तिनका तिनका' की संस्थापक। ऐसा देश में पहली बार हुआ है। साथ ही उन्हें 'लिम्का बुक ऑफ़ रिकॉर्ड्स में दो बार शामिल होने का गौरव भी प्राप्त है।

यहाँ फूलों की क्यारी नहीं। खुला आसमान नहीं। पेड़ की छाँव की छुअन नहीं। तारों का दूर तक फैला आँचल नहीं। एक खिड़की है। छोटे–से सुराख़ हैं उसमें। दरवाज़ा नहीं है। लोहे का गेट है। उस पर एक बड़ा ताला जड़ा है। रात का ऐलान शाम 5 बजे हो जाता है। तब बचे–खुचे ख़्वाब भी उसी बड़े कमरे में बन्द हो जाते हैं जिसमें एक साथ कम–से–कम 70 लोग सोते हैं और करवट बदलने तक की इजाज़त लेते हैं। यहाँ सिर के नीचे कोई तकिया नहीं। एक छोटा–सा कपड़ा है।

उसके नीचे एक काग़ज़ है। किसी का कोई ख़त। एक याद। कोई सूखा पत्ता। याद सहेजने के नाम पर इतने भर की इजाज़त है यहाँ। बाक़ी तमाम तस्वीरें ज़ेहन में हैं। उसी डोर के आसरे ज़िन्दगी के इन सालों को काटना है।

यह जेल है।

सब बन्द हैं। उम्मीदों के झरोखे भी और विश्वास के खलिहान भी। लेकिन तब भी यहाँ बसता है–प्यार और मन में कहीं बचे रहते हैं– सरसों के फूल।

जेल–जिसे प्यार, उत्सव या ख़ुशी के मौक़े पर कोई ग़लती से भी याद नहीं करता। जेलें एक अलग टापू हैं। जेलें तकलीफ़ हैं। जेलें सज़ा हैं। जेलें अपराधियों की शरणस्थली हैं। जेलें अस्पृश्य हैं लेकिन तब भी जेलें इसी समाज में बसा एक बड़ा सच हैं। लेकिन इन्तज़ार की अन्तहीन खराश के बीच यहाँ कुछ और भी पनपता है। वह है–प्रेम। आसमान के थोड़े–से हिस्से के नीचे धुकधुक करता डर और उसमें झिलमिल करता प्रेम। यहाँ उम्मीदें कम हैं, इसलिए इस दुनिया में प्रेम का कोई दायरा नहीं।

'तिनका–तिनका तिहाड़'–इस पर मेरे काम ने 2013 के वसन्त में आकार लेना शुरू किया था। दक्षिण एशिया की इस सबसे बड़ी जेल तिहाड़ का एक ज़रूरी अंग है–जेल नम्बर छह। इस जेल में महिला क़ैदियों को रखा जाता है। जब काम शुरू किया था, तब इस बात का आभास नहीं था कि महिला क़ैदियों के साथ मेरा संवाद और सम्पर्क ख़ुद मुझे कितने सबक दे जायेगा और मैं वसन्त, होली, दीवाली की नयी परिभाषाओं को समझने लगूँगी और मेरे ख़ुद के लिए प्रेम के नये अध्याय खुलने लगेंगे। समय, समाज, क़ानून और रिश्तों से थकी इन औरतों को देखकर पहली नज़र में यही लगता है कि अब इनके लिए न उत्सव कोई मायने रखते होंगे और न ही साज–शृंगार। लेकिन ऐसा नहीं है। कठोरतम परिस्थितियों में भी औरत अपने लिए उम्मीदों के दीये को जलाये रखने का सामर्थ्य रखती है। मन में गहराई तक अपने दुख और चुप्पी को दाबे एक आम औरत अपनी अन्तिम साँस तक किसी बेहतरी की आशा के दामन को छोड़ती नहीं और उसका प्रेम कभी मरता नहीं बल्कि यही प्रेम उसे बनाये रखता है और बचाये भी।

बने और बचे रहने की एक तस्वीर मैंने दिसम्बर 2013 की एक गुलाबी दोपहर को देखी। उस दिन उसने पीले ही रंग के कपड़े पहने थे।

मैं 27 साल की उस युवती की बात कर रही हूँ जो पिछले छह साल से जेल में है और जिसे शायद अगले छह साल यहीं बिताने थे। उस दिन वह पहली बार जेल से बाहर निकली थी। अठारह क़ैदियों की इस टोली के लिए अदालत से विशेष अनुमति ली गयी थी ताकि वे दुनिया के सामने अपनी प्रतिभा रख सकें। पीले कपड़ों वाली इस युवती के परिधान वसन्ती थे और आँखों में मानसून भरा था। जब वह एक कविता पर मंच पर थिरकी तो सामने बैठे दर्शक हैरानी के भाव से भरे रह गये। हाँ, विचाराधीन क़ैदियों की यह देश की पहली ऐसी प्रस्तुति थी और वजह बनी थी 'तिनका तिनका तिहाड़'।

इस किताब के आइडिया से लेकर इसके साकार होने तक की मेरी यात्रा ने मुझे लगातार ख़ुद से और गहराई से संवाद करने के लिए झकझोरा। जेल की इन क़ैदियों से मेरी तमाम मुलाक़ातें मन को अध्यात्म की तरफ़ झुकाती गयीं। ख़ैर, यह चर्चा लम्बी है पर हाँ, मूल बिन्दु यही है कि वसन्त के फूल और प्रेम का स्पर्श वहाँ भी है जिस पर हमारी नज़रें अक्सर जाया नहीं करतीं।

2013 में 'तिनका तिनका तिहाड़' प्रकाशित हुई। 2013 में देश के गृहमन्त्री ने विज्ञान भवन में जब इस किताब का विमोचन किया तो भारत के सभ्य समाज में अचरज से कानाफूसी हुई–जेल की महिलाएँ और वो भी कवयित्रियाँ। पर यही सच था। रमा, सीमा, रिया और आरती–इन चारों की कविताओं की जिस किताब के लिए मैंने और विमला मेहरा ने काम किया था, उनमें जिस भाव ने ख़ुद को बार–बार उभारा, वह था–प्रेम। 'तिनका तिनका तिहाड़' देश का पहला ऐसा कविता संग्रह बना जिसमें महिला क़ैदियों की कविताओं को सहेजा गया। हिन्दी और अंग्रेज़ी के अलावा इस किताब का अनुवाद चार भारतीय भाषाओं में हुआ और इतालियन में भी। यह किताब बाद में 'लिम्का बुक ऑफ़ रिकॉर्ड्स' में भी शामिल हुई।

सीमा की शादी उसी युवक से हो गयी जिसे वह चाहती थी। वह भी जेल में बन्द था। जेल में आने से पहले दोनों में प्रेम था। जेल में आने के बाद दोनों के बीच सलाख़ें थीं। इन सलाख़ों को पिघलाने में बड़ा औज़ार बनी–'तिनका तिनका तिहाड़'।

बात यहीं नहीं रुकी। यह प्रेम किताब में बाहर आया, पर जेल के सामने से गुज़रने वाले कहाँ जानते थे कि अन्दर कविता भी पलती है।

तब जेल की चारदीवारी पर एक लम्बी म्यूरल पेंटिंग बनी जो इस देश की सबसे लम्बी म्यूरल पेंटिंग थी। इसका उद्घाटन दिल्ली के तत्कालीन उपराज्यपाल ने किया। दीवार पर तस्वीरें थीं, रंग थे और थी–सीमा की कविता 'चारदीवारी' जो अगले 10 साल तक तिहाड़ की दीवार पर बनी रहेगी और सड़क से गुज़रने वालों को जेल के अन्दर प्रेम की मौजूदगी की ख़बर देगी।

फिर जेल पर एक और प्रयोग। एक दिन और ख़ास था। तिहाड़ के जेल नम्बर दो में उस दिन महिला और पुरुष क़ैदी जमा हुए। वहाँ कैमरा था, तकनीकी स्टाफ़ था। टीवी का मॉनीटर था और उत्सव था। इन बन्दियों का समूह पहली बार देश के सबसे अलग पब्लिक सर्विस ब्रॉडकास्टर के सामने 'तिनका तिनका तिहाड़' को प्रस्तुत करने वाला था। कपड़े पीले और चटख लाल थे। युवतियों के नाख़ूनों में नेल पॉलिश। सामने कुछ शीशे जिसमें वे ख़ुद को देख सकती थीं (जेल में न शीशे होते हैं, न रंगों की ऐसी गुंजाइश। इसलिए यह दिन उनके लिए ख़ास था)। आज उनका मेकअप भी हुआ था। भरपूर मेकअप, उनकी मर्ज़ी के मुताबिक़। और मेकअप भी किया था–एक बन्दी ने ही जो जेल में आने से पहले मेकअप आर्टिस्ट थी। इन सबने मिलकर उस दिन भारत में एक इतिहास रचा। किसी जेल में पहली बार इस तरह एक गाना शूट हुआ। लोकसभा टीवी के पूर्व सीईओ राजीव मिश्रा का इसमें काफ़ी सहयोग रहा। हाँ, यह गाना मैंने लिखा है लेकिन धुन और स्वर उन्हीं का है।

गाना शूट हुआ। लोकसभा अध्यक्ष सुमित्रा महाजन ने संसद भवन के अपने कक्ष में इस गाने का विमोचन किया और इस कोशिश पर मुहर लगा दी कि बन्दियों के इस काम को सरकार की सराहना और रज़ामन्दी मिल रही है।

अब एक और जेल। उत्तर प्रदेश की एक जेल है–डासना। यह जेल दिल्ली की तिहाड़ जेल से क़रीब 60–65 किलोमीटर दूर है और काफ़ी चर्चित रही है। चर्चा की बड़ी वजह आरुषि हत्या के मामले में बन्दी उसके माता–पिता राजेश और नुपूर तलवार का यहाँ होना और साथ ही निठारी के आरोपी सुरिन्दर कोली का भी होना है। यह एक परिचय है। लेकिन इस परिचय के परे बड़ा सच यही है कि यहाँ भी क़ैद में कई ज़िन्दगियाँ हैं और उनमें भी लोहे के कट्टरपन के बावजूद नमी मौजूद है।

जेल में एक छवि माँ की भी है। जेल में रहने वाली माँ भी कविता कर सकती है चाहे इससे पहले उसने ज़िन्दगी में कभी कविता न लिखी हो,

न पढ़ी हो। दर्द इन्सान को कवि भी बनाता है और चिन्तन भी देता है। इस बात को नुपूर और राजेश तलवार ने साबित किया। दोनों ने मेरे आग्रह को स्वीकार किया और 'तिनका तिनका डासना' के लिए आरुषि पर कुछ कविताएँ लिखीं। वे किताब का हिस्सा बनीं। बरसों बाद भी जब जेलों पर बात होगी, ये कविताएँ सलाख़ों से झाँकती एक माँ की मौजूदगी को बनाये रखेंगी।

अब तिनकों को एक दीवार से जोड़ना था। विवेक स्वामी, किशन, संजय और दीपक। उम्र–25 से 35 के बीच। इन चारों में चार बातों की समानता है–चारों चित्रकार हैं, हत्या के आरोपी थे, विचाराधीन क़ैदी थे और डासना जेल में बन्द थे। विवेक स्वामी जब पहली बार मुझे मिला तो उसने कहा कि वह कुछ बड़ा काम करना चाहता है। उस दिन मैं और जेल के अधिकारी शिवाजी और आनन्द पाण्डे जेल भर में चलते रहे। आख़िर में एक दीवार चुनी और फिर कुछ महीनों में उसे ऐतिहासिक बना डाला। यह दीवार किसी भी जेल की एक साधारण दीवार की तरह थी–पीली और उदास, लेकिन जब वह बनकर तैयार हुई तो जैसे पूरी जेल से संवाद करने लगी। अब वह जेल का सबसे बड़ा आकर्षण है। दस बिम्बों को लेकर बनी इस दीवार में दस स्मृतियाँ उकेरी गयीं–ऐसी स्मृतियाँ जो हर क़ैदी की ज़िन्दगी की कहानी होती हैं। माँ–बाप की याद, पत्नी या पति, बहन, बेटी और उसमें एक टुकड़ा उम्मीद। जिस दिन दीवार पूरी हुई, उसी दिन विवेक की रिहाई आ गयी। वह शायद पहला ऐसा क़ैदी था जिसका एक–एक क़दम उस समय भारी पड़ रहा था। वह बार–बार मुड़कर पीछे देख रहा था क्योंकि वहाँ एक ऐसी दीवार थी जिस पर पूरी जेल का प्यार था। हाँ, दीवार का नाम है–'तिनका तिनका डासना'।

इस दीवार पर मेरे लिखे गाने के उस हिस्से को भी उकेरा गया जो उम्मीद जगाता है

"दिन बदलेंगे यहाँ भी, पिघलेंगी यह सलाख़ें भी
ढह जायेंगी यह दीवारें, होंगी अपनी कुछ मीनारें
टूटे फिर भी आस न, ये है अपना डासना"

अब बारी जेल के थीम सॉन्ग की थी। गाना मैंने लिखा लेकिन उसे गाया जेल के तेरह बन्दियों ने जिनमें से दस आजीवन कारावास पर हैं।

आनन्द पाण्डे, आर. एस. यादव, शिवाजी यादव, डॉ. सुनील त्यागी और मोनिका सक्सेना के सहयोग की वजह से यह यज्ञ पूरा हो सका।

और अब आगरा का केन्द्रीय कारागार। प्रेम से यह भी अछूता नहीं। इस जेल के सभी क़ैदी आजीवन कारावास पर हैं। सबका अपना एकाकीपन है, सबकी अपनी कहानी। लेकिन फिर भी कोई एक सूत्र है जो ज़िन्दगी को किसी लय से जोड़े रखता है।

"मैं क़ैद हूँ तो क्या हुआ, मन मेरा आज़ाद है
कल्पनाओं के सहारे उड़ रहा आकाश में
कोई बताये कैसा ये बन्धन है और पाबन्दियाँ
हर तरह से आस पुलकित है मेरे विश्वास में"

यह कविता केन्द्रीय कारागार, आगरा में बन्दी दिनेश कुमार गौड़ ने लिखी है और उन्हें 2016 में 'तिनका तिनका इंडिया' अवार्ड भी दिया गया।

दिनेश आगरा जेल के उन सोलह क़ैदियों में से हैं जिन्होंने 'तिनका तिनका आगरा' के गाने को अन्तिम रूप दिया। प्रेम के इसी महीने में इस गाने को आगरा जेल का थीम सॉन्ग घोषित किया गया। श्री शरद कुलश्रेष्ठ, श्री रिज़वी और श्रीलाल रत्नाकर सरीखे अधिकारियों के सहयोग से जेल में संगीत गूँजने लगा है। सीमित साधनों के बीच एक गाने को थीम सॉन्ग के तौर पर बनाना एक मुश्किल काम था।

जेलों की इस कड़ी में कई ऐसे किरदारों से मुलाक़ात हुई जो अपनी तक़दीर को दोबारा लिख रहे हैं। इनमें से एक सुन्दरा है। उम्र क़रीब 60 साल। ठिकाना लखनऊ का नारी बन्दी निकेतन। पिछले 25 साल से जेल में है। अपनी बड़ी बहन के साथ। शुरू के साल आँसुओं और इन्तज़ार के नाम रहे। फिर एक दिन सुन्दरा ने जेल की कोठरी में ही अपने लिए प्यार ढूँढ़ लिया। जेल की सुपरिंटेंडेंट हर्षिता मिश्रा ने उसे जेल में ही अपना आशियाना बनाने और सम्बन्धों को जीने की सलाह दी। हर्षिता ने जेल के क़ैदियों के साथ अनुशासन और आत्मीयता का एक सुन्दर रिश्ता क़ायम कर रखा है। इसलिए उनकी दी यह सलाह धीरे–धीरे हक़ीक़त में तब्दील होती गयी और आज एक बड़े स्वरूप में सामने है।

मैं लखनऊ गयी। मुझे सुन्दरा से मिलना था। यह सम्भव हुआ। जब मैं उससे मिली तो वह अपने सारे दर्द के बीच बार–बार मुझे उन सब्ज़ियों को दिखा रही थी जो उसने उगायी थीं। हालाँकि मानवाधिकार आयोग

को अभी इस जेल में आने का समय नहीं मिला है और न ही सुन्दरा की पीठ को किसी ने आकर थपथपाया है लेकिन उसका काम जारी है। आज पूरी जेल सुन्दरा की उगायी सब्ज़ियों पर निर्भर है। यक़ीन नहीं होता कि एक महिला अपने अन्तस से लड़कर, सब कुछ हारकर, सींखचों में थककर एक बार फिर इस क़दर उठ सकती है कि पूरी जेल के लिए वह अन्नदाता ही बन जाये। सुन्दरा अब इस जेल से प्रेम करती है और हर उस महिला से जो किसी परिस्थिति में यहाँ पर है। 2015 में इसी सुन्दरा को मैंने 'तिनका तिनका बन्दिनी' अवार्ड से सम्मानित किया था।

मीडिया और तिनका तिनका की यात्रा जारी है।

शीला रावल

शीला रावल, पत्रकारिता में एक ऐसा नाम हैं जिन्हें खोजी पत्रकारिता में सबसे ज़्यादा सराहा जाता है। वे ऐसी पहली महिला पत्रकार हैं जो अंडरवर्ल्ड तक से ख़बरें निकाल लायीं। आज जब मीडिया में खोजी पत्रकारिता यानी 'इन्वेस्टिगेटिव जर्नलिज़्म' अपनी अन्तिम साँसें ले रहा है...इस समय की पत्रकारिता में केवल एक या दो अख़बार कभी–कभी खोजी पत्रकारिता की कोई ख़बर छाप देते हैं। आज मीडिया में टीवी के खोजी पत्रकारों और सम्पादकों की नज़र में खोजी पत्रकारिता का मतलब सिर्फ़ और सिर्फ़ स्टिंग है...चुनाव के समय में राजनीतिक पार्टियाँ केवल एक–दूसरे के ख़िलाफ़ स्टिंग दिखाकर जनता के वोट अपनी झोली में डालना चाहती हैं। आज ख़बरों में अख़बार या न्यूज़ चैनल मालिक या सम्पादक केवल अपने हितों को प्राथमिकता दे रहे हैं। जहाँ मालिकों को राज्यसभा की सीट चाहिए तो सम्पादक को टीआरपी के ज़रिये कमाई ताकि उनकी सीट बची रहे...

अंडरवर्ल्ड में भी अपनी खोजी ख़बरों के ज़रिये पैठ बनाने वाली शीला रावल ने अपनी किताब 'गॉडफ़ादर्स ऑफ़ क्राइम, फेस–टू–फेस विथ इंडियाज़ मोस्ट वॉन्टेड' में गुनाह की दुनिया की सच्चाई को पाठकों तक पहुँचाने का प्रयास किया है। अपने सफ़र के विषय में बताते हुए कहती हैं कि आज जब मैं एबीपी न्यूज़ की खोजी सम्पादक के रूप में काम कर रही हूँ लेकिन पत्रकारिता में मेरा सफ़र इतना आसान नहीं था। अपनी किताब के विषय में वह कहती हैं कि यह किताब छोटा

राजन समेत कई अन्य गैंगस्टर्स के अनजाने क़िस्सों को उजागर करती है। शीला रावल प्रिंट और इलेक्ट्रॉनिक मीडिया में पिछले तीन दशक से सक्रिय भूमिका निभा रही हैं और अंडरवर्ल्ड से जुड़ी रिपोर्टिंग कर रही हैं। रावल ने अंडरवर्ल्ड से जुड़ी कई ख़बरों को ब्रेक किया, जिनमें सन् 2000 में बैंकॉक में दाऊद के गुर्गे द्वारा छोटा राजन की हत्या का प्रयास, और छोटा राजन के ज़िन्दा होने की ख़बर शामिल है। इतना ही नहीं उन्होंने दुबई में दाऊद इब्राहिम की बेटी की शादी में हिस्सा लिया। वह पहली ऐसी पत्रकार हैं, जिन्होंने गैंगस्टर अबू सलेम की गिरफ़्तारी के बाद उसकी पहली पत्नी समीरा ज़ुमानी का इंटरव्यू लिया।

अपनी किताब के विषय में शीला रावल बताती हैं कि अंग्रेज़ी अख़बार को 14 सितम्बर 2000 के दिन छोटा शकील ने फ़ोन कर डी कम्पनी की तरफ़ से अपने कट्टर प्रतिद्वन्द्वी छोटा राजन को बैंकॉक में मारने की ज़िम्मेदारी ली। 16 सितम्बर को जब यह ख़बर अख़बार में छपी तो गैंगस्टर के ख़ूनी अन्त की चारों तरफ़ चर्चा होने लगी। इंटेलीजेंस ब्यूरो छोटा राजन की मौत को लेकर संशय में था, वहीं मुम्बई पुलिस भी ख़बर की पुष्टि करने में व्यस्त थी। मैं भी 18 सितम्बर को थाईलैंड की राजधानी पहुँची। वहाँ एए नाम के व्यक्ति ने मेरे रहने की व्यवस्था की। अगले दिन शाम को एए ने मुझे जैली से मिलवाया, पगड़ी में एक आदमी, जो कि 'शहर के पावर सर्किट में प्रभावशाली व्यक्ति' था। जैली ने मेरे हाथ में एक लिफ़ाफ़ा देते हुए कहा, 'आपके पास एक ब्रेकिंग न्यूज़ है, मेरी दोस्त।' मैंने तुरन्त दस्तावेज़ 'इंडिया टुडे' के दिल्ली ऑफ़िस में भेज दिये, और 'आज तक' की न्यूज़ बुलेटिन बनाने वाली टीम को भी जो उस वक़्त दूरदर्शन के लिए डेली न्यूज़ शो बनाती थी। आज तक ने सनसनीख़ेज खुलासा किया, 'राजन ज़िन्दा है! समितिवेज अस्पताल में गम्भीर हालत में। पाँच हमलावर गिरफ़्तार, सभी पाकिस्तानी।' मैंने पहली बार फ़ोन पर एंकर से लम्बी बात की। हालाँकि राहत और ख़ुशी के ये पल ज़्यादा समय तक नहीं रहे। अब मेरे पास अगली बड़ी चुनौती थी, मैं अस्पताल के एकान्त आईसीयू में बुरी तरह घायल राजन तक कैसे पहुँचूँ? सबसे पहले मैंने भारतीय राजदूत आर. के. राय से सम्पर्क किया। उन्होंने मुझे राजन के बारे में काफ़ी जानकारी दी, लेकिन जब मैंने राजन से मिलवाने की बात कही तो उन्होंने कहा, 'मेरे हाथ बँधे हैं, आपको ख़ुद ही कोई रास्ता ढूँढ़ना होगा।' पहले मुझे यह बात समझ नहीं आयी मगर बाद में मुझे पता चला कि दिल्ली में नॉर्थ ब्लॉक हमारी विस्तृत रिपोर्टिंग

से ख़ुश नहीं था। बहरहाल, मैंने मदद के लिए जैली को फ़ोन किया। जैली (जिसने मुझे पहले ख़बर देने में मदद की थी) ने राजन के कमरे तक पहुँचने की व्यवस्था करवायी। मुझे उम्मीद नहीं थी कि मैं इतनी आसानी से राजन तक पहुँच जाऊँगी। जैली मुझे लॉबी में छोड़ गये, जहाँ से मैं देख सकती थी कि दरवाज़े के बाहर दो गार्ड हैं। मैं जब और नज़दीक पहुँची तो किसी ने मुझे जानी–पहचानी भाषा में पुकारा। 'तुम इंडिया से हो?' एक लम्बा और साँवला आदमी कमरे के बाहर, तीन अन्य आदमियों के साथ खड़ा था। मुम्बई क्राइम ब्रांच के सीनियर अफ़सर ने मुझे पहले ही इस बात की जानकारी दे दी थी कि राजन के चार वफ़ादार, मुम्बई से बैंकॉक के लिए निकले हैं। वे सभी खुश थे कि राजन हमले में बच गया। फिर वे उनकी दुश्मनी और प्रतिशोध की बात करने लगे। उन सबको लगता था कि अगर 'नाना' (राजन) ने दाऊद को मार दिया तो यह देश के लिए बड़ी सेवा होगी। मैंने पहली बार राजन के लिए 'देशभक्त' शब्द का इस्तेमाल होते सुना। यह साफ़ था कि मैं इन चारों की मदद के बिना राजन के कमरे में नहीं जा पाऊँगी। मैंने उन्हें अपनी मंशा ज़ाहिर की और बताया कि थाई पुलिस दरवाज़े पर है, ऐसे में मैं कैसे मिलूँगी? यह सुनकर उनमें से एक व्यक्ति खड़ा हुआ और मुझे साथ आने को कहा। मुझे अन्दर ले जाते हुए वह बोला, 'आप चिन्ता न करें। नाना यहाँ भी ताक़तवर आदमी हैं। उन्होंने अपनी सुरक्षा के लिए थाई पुलिस को पैसे दिये हैं।' अस्पताल के कमरे के अन्दर एक अधेड़ उम्र का भारी–भरकम आदमी कई मशीनों के तार और ड्रिप में उलझा हुआ लेटा था। असहाय और शान्त। राजन ने मुश्किल से अपना चेहरा मेरी ओर किया और मुझे देखने की कोशिश की। मैंने तुरन्त अपना परिचय दिया और वह कुछ बुदबुदाया। मैं सुनने के लिए उसकी तरफ़ झुकी। जब मैंने उसे बताया कि मैं 'इंडिया टुडे' की पत्रकार हूँ तो वह मुझसे टूटी–फूटी अंग्रेज़ी में बोलने लगा। फिर वह मुम्बइया मराठी–हिन्दी पर आ गया और बोला कि मुझे पूरी कहानी सुनने के लिए उसके ठीक होने का इन्तज़ार करना चाहिए। उसने छत की ओर देखा और उसकी जान बचाने के लिए ईश्वर को धन्यवाद दिया। यह ऐसा मौक़ा था जिसे मैं गँवाना नहीं चाहती थी। इतनी दूर आकर भी इंटरव्यू न कर पाना काफ़ी निराशा वाली बात होती, इसलिए मैं सवाल पूछती रही। लेकिन वह इसी बात पर अड़ा रहा कि मैं बस इतना लिखूँ कि मैं अस्पताल में उसके कमरे तक पहुँची, लेकिन कोई बात नहीं हुई। मैं निराश होकर बाहर निकलने लगी तो राजन फिर बोला, 'आप बात समझो न, मैडम।

लिखना नहीं जो देखा और सुना। देखो, अच्छा नहीं होगा। हम सेफ़ तो आप भी सेफ़ रहेंगी।' हवा अचानक तनावपूर्ण हो गयी। मैं बाहर आ गयी। मैंने शूटआउट के बारे में जानकारी इकट्ठी की तो मुझे पता चला कि हमले की रात साढ़े सात से आठ बजे के बीच सावन कोर्ट स्टेट में आठ लोग एक बड़े केक के साथ पहुँचे। उन्होंने सिक्योरिटी गार्ड को बताया कि वे डिसूजा (राजन के साथी रोहित वर्मा का नक़ली नाम) के घर पार्टी में आये हैं। गार्ड ने उन्हें इन्तज़ार करने को कहा तो आठ में से एक व्यक्ति ने उसे बन्दूक़ के ठूँठ से मारकर बेहोश कर दिया। आठ में से चार नीचे रुक गये और बाक़ी चार फ़र्स्ट फ्लोर स्थित रोहित वर्मा के फ्लैट पर पहुँचे, जहाँ राजन भी था। रोहित ने दरवाज़ा खोला तो चार लोग जबरन अन्दर घुस आये और गोलियाँ चलाने लगे। रोहित को कुछ गोलियाँ लगीं और उसे बचाने की कोशिश में उसकी पत्नी भी मारी गयी। हमलावरों ने उनकी छोटी बच्ची को छोड़ दिया। गोलियों की आवाज़ सुन घर की मेड कमला बाहर आयी तो एक बन्दूक़धारी ने पूछा, 'दूसरा आदमी कहाँ है?' हमलावरों ने राजन को ढूँढ़ना शुरू किया। अचानक अँधेरे में उन्हें बालकनी से बगीचे में कूदती एक परछाईं दिखी। चारों आदमियों ने अन्धाधुन्ध गोलियाँ चलानी शुरू कर दीं, जिससे राजन को एक गोली पेट में और एक दायीं जाँघ पर लगी। वह बगीचे में ही पड़ा रहा, जब तक कि हमलावर चले नहीं गये।

गिरफ़्तारी के बाद...

राजन की 25 अक्टूबर 2015 को गिरफ़्तारी भारतीय अधिकारियों द्वारा सुनियोजित थी। बाली पुलिस के एक अधिकारी के मुताबिक़ वह अपनी गिरफ़्तारी के लिए पहले ही तैयार था और उसने एक छोटा–सा सूटकेस भी पैक कर रखा था। उसने मुस्कुराते हुए गिरफ़्तारी दी। वह ख़ुश नज़र आ रहा था, शायद दो दशक बाद घर लौटने की ख़ुशी थी। वहीं छोटा शकील भी गिरफ़्तारी से ख़ुश था। उसने एक इंटरव्यू में कहा, 'मेरे लड़कों ने फिजी में फँसा दिया था। उसे इंडोनेशिया भागने पर मजबूर किया, जिसकी वजह से वह पकड़ा गया, लेकिन हमारी दुश्मनी ख़त्म नहीं हुई है। जब तक उसे मार नहीं देता, मैं आराम नहीं करूँगा।'

छोटा शकील से मेरी 1994 से काफ़ी बातें होती रही हैं। एक बार उसने ग़ुस्से में मुझे फ़ोन किया। उसने पूछा, 'ये सईद अंसारी कौन है? उसका नम्बर दें आप!' मैंने शकील को शान्त करने की कोशिश की, लेकिन वह नहीं माना। 'मुझे अंसारी को बताना है कि वह मेरे बारे में कैसे बोले?

आपका सम्माननीय चैनल मेरे लिए कैसी भद्दी भाषा का इस्तेमाल करता है।' मैंने उसे बताया कि अंसारी एंकर हैं और स्क्रिप्ट कोई और लिखता है। आप बतायें क्या समस्या है। उसने जवाब दिया, 'गली का चोर, मवाली और शर्ट के बटन खुले...ये सब भाषा आपके चैनल को शोभा देती है?' शकील ने कभी अंडरवर्ल्ड डॉन या 'भाई' कहे जाने पर आपत्ति नहीं की, लेकिन उसे चोर या मवाली कहलाना पसन्द नहीं था। 14 सितम्बर 2000 को छोटा शकील ने एक अंग्रेज़ी अख़बार को फ़ोन कर डी कम्पनी की तरफ़ से अपने कट्टर प्रतिद्वन्द्वी छोटा राजन को बैंकॉक में मारने की ज़िम्मेदारी ली थी।

दाऊद की बेटी की शादी में उसे आमने–सामने देखना मेरे जीवन का महत्त्वपूर्ण पल था। जब मैंने लगभग गंजे, स्थूलकाय आदमी को देखा, जिसकी लटकती हुई मोटी मूँछें थीं, तो उसे देखकर यह अन्दाज़ा लगाना मुश्किल था कि यह दुनिया के सबसे ख़तरनाक लोगों में से एक है। लुकआउट नोटिस जारी होने के बावजूद, बेटी की शादी में उसकी मौजूदगी दुबई में उसकी पहुँच और प्रभाव का जीता–जागता उदाहरण थी।

शीला जी कहती हैं कि खोजी पत्रकारिता में आने वाले किसी भी पत्रकार के लिए यह ज़रूरी है कि वह सबसे पहले गहराई से विषय के बारे में रिसर्च करे। जितने अधिक लोगों से, जितनी अधिक जानकारी जुटायी जा सके ख़बर की सत्यता उतनी ही होगी। यह काम काफ़ी कठिन है, इसमें समय भी लगता है, पैसे भी ख़र्च होते हैं, लेकिन इसके अलावा कोई और तरीक़ा नहीं है, अलग–अलग विचारों को सामने रखने के लिए ऐसा करना ज़रूरी है। अपने इस वाक़ये को मैं आपको एक उदाहरण से समझाती हूँ जैसे कि किसी मन्त्री की निन्दा करने वाले व्यक्तियों की कमी नहीं होती, अगर मन्त्री बात करने को राज़ी न हो, और आपको स्टोरी करनी हो तो आपको ऐसे लोगों को खोजना होगा जिनकी सहानुभूति उस मन्त्री के प्रति हो ताकि दूसरा पक्ष भी शामिल हो सके और पूरी रिपोर्ट सन्तुलित और निष्पक्ष हो। खोजी रिपोर्टें आम तौर पर गम्भीर होती हैं और उनके परिणाम काफ़ी बड़े हो सकते हैं, इसीलिए उनका असर भी होता है। अक्सर खोजी रिपोर्टिंग की शुरुआत से क़ानूनी विशेषज्ञ की सलाह ली जानी चाहिए। साथ ही सबसे ज़रूरी है कि खोजी रिपोर्ट के ज़रिये आपका मक़सद सच जानना हो, यह किसी को नुक़सान पहुँचाने का या शिकार करने जैसा मिशन नहीं होना चाहिए।

श्वेता सिंह

अगर महिला पत्रकार है तो इसे कोई सामाजिक, मनोरंजन या फिर दूसरी कोई छोटी–मोटी बीट पकड़ा दो। इलेक्ट्रॉनिक मीडिया में आज भी बहुत कम महिला पत्रकार ऐसी हैं जिन्होंने ऐसे मिथक को तोड़ा है। जिन्होंने राजनीतिक रिपोर्टिंग या वार रिपोर्टिंग कर हर जगह अपने ज्ञान और मेहनत से सफलता का परचम लहराया हो। ऐसे ही कुछ नामों में से एक है श्वेता सिंह का नाम जो न केवल दुनिया के सबसे बड़े लोकतान्त्रिक देश भारत में राजनीतिक रिपोर्टिंग करके अपना परचम लहरा चुंकी हैं। बल्कि उन्होंने तक़रीबन पच्चीस साल के अपने मीडिया करियर में राजनीति से लेकर खेल, बिज़नेस, सिनेमा हर क्षेत्र में अपनी पत्रकारिता का जलवा दिखाया है। जहाँ तक बात है टेलीविज़न ख़बरों की तो श्वेता ऑलराउंडर हैं। उन्हें सर्वश्रेष्ठ एंकर, सर्वश्रेष्ठ प्रोड्यूसर और रिपोर्टर का अवॉर्ड मिल चुका है। अभी श्वेता सिंह 'आज तक' की स्पेशल प्रोग्रामिंग टीम की एग्ज़ीक्यूटिव एडिटर के पद पर कार्यरत हैं। टेलीविज़न की अगर बात करें तो 'ऊपर वाला देख रहा है', 'वन्देमातरम', 'आज तक का गाँव कनेक्शन' उनके बनाये हुए चुनिन्दा कार्यक्रमों में शामिल हैं। आज तक पर न्यूज़ बुलेटिन की एंकरिंग के साथ–साथ सामाजिक मुद्दों से जुड़े विषयों पर उनका कार्यक्रम 'श्वेतपत्र' अपनी एक अलग पहचान बना चुका है।

अपने पत्रकारिता के सफ़र के विषय में बताते हुए वे कहती हैं किमुझे मीडिया में काम करने का मौक़ा तब मिला जब मैं बारहवीं में थी।

न मैं पढ़ाई छोड़ सकती थी। न ही काम करने का मौक़ा। ग्रेजुएशन फ़र्स्ट ईयर में दाख़िले के बाद काम का प्रेशर बढ़ा। मैं सवेरे पाँच बजे उठकर कॉलेज से पहले टाइपिंग शॉर्टहैंड के लिए जाती थी। उन दिनों पत्रकारिता के लिए ये ट्रेनिंग आवश्यक थी। सात बजे से कॉलेज शुरू होता था। दोपहर एक बजे मैं कॉलेज से ही काम पर निकलती थी और रात आठ बजे के आसपास घर लौट पाती थी। पढ़ाई पूरी करने के बाद दिल्ली में 'सहारा' ज्वाइन किया। काम के लिए मेरा लगाव इतना था कि मैंने शुरू के 4–5 साल तक एक भी साप्ताहिक अवकाश तक नहीं लिया। इस तरह मैंने 'जी न्यूज़', 'सहारा' से 'आज तक' में अपने टेलीविज़न का सफ़र तय किया है।

प्रश्न–मीडिया में आने की प्रेरणा आपको कैसे मिली। आपको शुरुआती दिनों में मीडिया में क्या चीज़ें प्रभावित करती थीं?

उत्तर–मैं मीडिया में मिसफ़िट हूँ। मैं पत्रकारिता में इसीलिए आयी क्योंकि उन दिनों बिहार में तीन साल में ग्रेजुएशन नहीं हो पाता था। कभी परीक्षाएँ मुल्तवी हो जाती थीं। कभी नतीजे। तीन साल के ग्रेजुएशन में पाँच–छह साल लग जाते थे। पर मेरे बैच से यूजीसी ने पत्रकारिता का कोर्स शुरू किया जिसमें मेरे कॉलेज को स्वायत्तता थी। इसीलिए मैंने पत्रकारिता की पढ़ाई की। वरना मैं इकोनॉमिक्स ऑनर्स करके आगे उसी क्षेत्र में काम करने की इच्छुक थी।

प्रश्न–हिन्दी फ़िल्म में अपने काम को आपने कैसे लिया और इसकी शुरुआत कैसे हुई?

उत्तर–फ़िल्मों में जिस भी पत्रकार को आप देखते हैं वह कभी रोल नहीं होता। चैनल के साथ फ़िल्म के टाई–अप के कारण होता है। ये मार्केटिंग टाई–अप होता है।

प्रश्न–अपने किसी ख़ास कार्यक्रम के अनुभव के विषय में बतायें, जो अभी तक आपके लिए सबसे रोचक रहा हो?

उत्तर–2011 विश्वकप का कवरेज। आम जनता की भावनाएँ चरम पर थीं। क्रिकेटरों पर अत्यधिक दबाव था। भारतीय टीम में टॉप खिलाड़ी थे। जिन्हें भगवान का दर्जा हासिल था। लेकिन दुनिया की बाक़ी टीमें भी टॉप फॉर्म में थीं। क्रिकेट की दिलचस्प बारीक़ियों से लेकर, भावनात्मक उछाल तक ये कवरेज सबसे रोचक और सिखाने वाला रहा।

प्रश्न–आपने भाजपा अध्यक्ष अमित शाह के साथ 'आज तक' पर

साक्षात्कार किया। अपने अनुभव को मीडिया छात्रों से शेयर करें कि कैसे अपने क्षेत्र में अग्रणी लोगों का साक्षात्कार लेते समय किन बातों का ध्यान रखें?

उत्तर–इंटरव्यू लेने का कोई फ़िक्स्ड फॉर्मेट नहीं हो सकता। मैं जब किसी से बातचीत करती हूँ तो उसकी पूरी बात सुनती हूँ। मेरा यही भाव मेरे द्वारा किये साक्षात्कार में झलकता है। ये कई लोगों को नापसन्द भी है। पर साक्षात्कार का मेरा फ़ॉर्मूला एक ही है। सवाल और जवाब को एक बराबर सम्मान।

प्रश्न–मीडिया में आपका सबसे भावुक दिन, जब आपको लगा हो कि बस अब आप इस क्षेत्र में और काम नहीं कर पायेंगी?

उत्तर–ये मेरे साथ हर रोज़ होता है। पर अगले दिन और अधिक उत्साह से लौटती हूँ।

प्रश्न–क्या एक महिला पत्रकार के लिए यह आज भी एक चुनौती से भरा प्रोफ़ेशन है?

उत्तर–मैंने अपने आप को कभी महिला की बन्दिश में नहीं बाँधा। शायद इसीलिए क्योंकि मेरे घर में मुझे वो आज़ादी मिली। मानसिक तौर पर मेरी परवरिश एक बेटे के तौर पर ही हुई।

प्रश्न–मीडिया में आने वाले नयी पीढ़ी को आप क्या सन्देश देना चाहेंगी।

उत्तर–स्क्रीन के आगे की चमक–दमक से प्रभावित न हों। मीडिया में आना है तो पत्रकारिता से प्रेम करिए। तभी लम्बी रेस में दौड़ पायेंगे।

सुहासिनी हैदर

"दूसरे के लिए निस्वार्थ भाव से जंग लड़ना ही पत्रकारिता है"

–सुहासिनी हैदर

जीवन में कभी–न–कभी एक ऐसा पल आता है, जो सारे जीवन का लक्ष्य ही निर्धारित कर देता है, लेकिन उस लक्ष्य को पाने के लिए ज्ञान, अनुभव और बड़े–बुजुर्गों की नसीहतें भी ज़रूरी हैं। विद्या से ही विनय का विकास होता है। यह कहना है कि चर्चित अख़बार 'हिन्दू' की डिप्लोमेटिक एडिटर सुहासिनी हैदर का। सुहासिनी हैदर एक ऐसा नाम हैं जिन्होंने जीवन में कई उतार–चढ़ाव देखे, लेकिन उन्होंने जो ज्ञान अर्जित किया, उसके बल पर कभी हार नहीं मानी। अपने पत्रकारिता के सफ़र के विषय में वो बताती हैं कि घर में हमेशा से पढ़ाई का माहौल था और मैं कॉलेज के बाद एमबीए करना चाहती थी, लेकिन जब मैं कॉलेज के तीसरे साल में थी तो जब अगले साल पढ़ाई का कोर्स मेरे पास आया तो उसमें मुझे कुछ भी रोचक नहीं लगा। साल 1992 में उस समय दूरदर्शन में फ़िल्म बन रही थी, तो मुझे किसी ने कहा कि क्या आप इसमें काम करना चाहेंगी, तो मैं मान गयी, मुझे लगता है कि हमारे जीवन में एक पल ऐसा आता है, जो भविष्य की हमारी रूपरेखा तय करता है। उस समय भारत में पत्रकारिता की पढ़ाई और इससे सम्बन्धित संस्थान न के बराबर थे। इसलिए मैंने पत्रकारिता की पढ़ाई विदेश में रहकर करने का निर्णय किया। इस तरह अपना ग्रेजुएशन दिल्ली विश्वविद्यालय के लेडी श्रीराम कॉलेज से पूरा करने के बाद मैंने अमेरिका की बोस्टन यूनिवर्सिटी से मास्टर्स इन ब्रॉडकास्ट की पढ़ाई की।

अमेरिका में रहते हुए ही मुझे पहले पत्रकारिता में इंटर्नशिप करने का अवसर मिला और इसके बाद न्यूयॉर्क में मुझे सीएनएन के साथ काम करने का मौक़ा मिला। मैंने वहाँ संयुक्त राष्ट्र के लिए रिपोर्टिंग की और अन्तरराष्ट्रीय सम्बन्धों पर काम करने का अवसर मिला। राजनीतिक और सामाजिक विषयों पर भी। लेकिन मुझे हमेशा लगता था कि यह भारत और मेरी पसन्द के विषय नहीं है और वहाँ काम करते हुए हमेशा लगता था कि अपने देश और रुचि के हिसाब से कुछ करूँ।

कुछ समय अमेरिका में काम करने के बाद मैं भारत वापस आ गयी और यहाँ आकर भी सीएनएन के लिए काम करती रही।

(कश्मीर में रिपोर्टिंग) साल 1995 में मैं जब पहली बार कश्मीर में रिपोर्टिंग करने गयी। उस समय भी आतंकवाद चरम पर था। यहाँ मेरे लिए मुश्किल यह थी कि अगर आप भारत सरकार के लिए काम करते हैं तो ऐसे हालात में आपको केवल सरकार का नज़रिया रखना होता है। लेकिन अगर आप विदेशी मीडिया के लिए काम कर रहे हैं तो आपको वहाँ के हालात और सरकार दोनों चीज़ें बतानी होती हैं। मुझे याद है कि एक बार मैं किसी आतंकवादी का साक्षात्कार करने गयी, तो उस समय के आतंकवादी केवल जेहाद–जेहाद चिल्लाते थे वे इतने ख़ूँखार नहीं थे। ऐसा मैं इसलिए कह रही हूँ कि जब मैं वहाँ साक्षात्कार के लिए गयी और आतंकवादी से प्रश्न करने लगी तो उसने कोई जवाब नहीं दिया, मैं हैरान थी कि वह ऐसा क्यों कर रहा है। इतने में ही उस आतंकवादी ने मेरे कैमरामैन को बुलाया और कहा कि रिपोर्टर एक महिला है और अगर ये पर्दे के पीछे जाकर मुझसे प्रश्न करें तो मैं जवाब दे सकता हूँ।

लेकिन आज हम कश्मीर में जो आतंकवाद देख रहे हैं, उसमें बहुत बदलाव आ गया है, अब भारत के बाहर से पाक जैसे देश भारत में आतंकवाद को बढ़ावा दे रहे हैं। मैं कश्मीर कई बार गयी हूँ एक बार मैं साल 2000 में गयी थी, जब वहाँ युद्धविराम की बात हो रही थी। उस समय में पूर्व प्रधानमन्त्री अटल बिहारी वाजपेयी ने आतंकवादी संगठन हिजबुल मुजाहिद्दीन के साथ बातचीत शुरू की थी। किसी कारणवश वह बातचीत अधूरी रह गयी और सरकार ने संघर्ष विराम की घोषणा को रद्द कर दिया था। सरकार के विरोध में हिजबुल मुजाहिद्दीन कोई अप्रिय घटना करके सरकार तक अपनी नाराज़गी पहुँचाना चाहता था। उस समय के आतंकवादी दोहरे बम धमाकों का इस्तेमाल करते थे,

यानी एक छोटा बम धमाका करके पत्रकारों और सुरक्षा बलों का ध्यान आकर्षित किया जाता था। एक तरफ़ पत्रकार, सुरक्षा बल और पास के स्थानीय पुलिस के अधिकारी उस धमाके के घटनास्थल पर पहुँचे वही दूसरी तरफ वहाँ एक कार में बड़ा बम लगा हुआ था यह बम काफ़ी शक्तिशाली था और इसमें कई लोगों की मृत्यु हो गयी। मुझे याद है कि इस घटना में हिन्दुस्तान के एक फ़ोटोग्राफ़र का भी देहान्त हो गया था। इस घटना में मुझे भी सिर और हाथ में चोट आयी थी।

जब मैं कश्मीर में रिपोर्टिंग कर रही थी उस दौरान मेरे बच्चे बहुत छोटे थे, इस कठिन समय में मेरे पति ने मेरा बहुत सहयोग किया। मुझे सुनामी को कवर करने का अवसर भी मिला। क़रीब एक महीना हमने वहाँ रहकर रिपोर्टिंग की।

इसके बाद जब मैं सीएनन–आईबीएन में थी तो लेबनान में युद्ध शुरू हो गया था, जहाँ इज़राइल के हैलिकॉप्टर लेबनान में बमबारी कर रहे थे। उस समय हमें बताया गया कि भारतीय हवाई जहाज़ वहाँ भेजे जा रहे हैं, भारतीयों को वापस लाने के लिए। लेकिन वहाँ हवाई जहाज़ों को उतरने नहीं दे रहे थे विमानों को साइप्रस में ही रोक दिया गया था। विमान कम्पनी ने अपने सभी यात्रियों का वहाँ छोड़कर कहा कि आप आगे कैसे पहुँचेंगे यह आपको देखना पड़ेगा। ऐसी परिस्थिति में भारत सरकार ने निर्णय लिया कि भारतीय नौसेना के जहाज़ लेबनान जाकर वहाँ फँसे भारतीयों को वापस लाने का काम करेंगे।

अब समस्या यह थी कि मैं उस समय वहाँ अकेली महिला थी, बाक़ी सभी यात्री और मीडिया पत्रकार पुरुष थे। ऐसे में नौसेना जहाज़ के कैप्टन ने कहा कि हम आपको इस जहाज़ में नहीं ले जा सकते क्योंकि इसमें केवल पुरुष यात्री हैं, हम आपकी सुरक्षा की ज़िम्मेदारी नहीं ले सकते। मेरा ध्यान केवल अपनी स्टोरी तक पहुँचने पर केन्द्रित था, मैंने जैसे–तैसे उन्हें समझाकर जहाज़ में जाने की अनुमति ले ली।

युद्धस्थल पर रिपोर्टिंग के ख़तरे पर सुहासिनी जी ने कहा कि मैं हमेशा ऐसी जगहों पर रिपोर्टिंग करते समय बुलेटप्रूफ़ जैकेट पहनती हूँ। मैं उन पत्रकारों से सहमत नहीं हूँ जो कहते हैं कि भारी होने की वजह से वो इसे पहनना नहीं चाहते, क्योंकि जैकेट इतनी भारी होती है, जिससे पत्रकारों को चलने में दिक्क़त होती है। जिन जगहों पर रिपोर्टर के लिए ख़तरा होता है, वहाँ मैं सुरक्षा के तमाम उपाय अपनाती हूँ।

साल 2011 में मेरा लीबिया जाना हुआ, लेकिन हम लोग गद्दाफ़ी के गढ़ में जाना चाहते थे, उस समय किसी को भी गद्दाफ़ी की तरफ़ जाने की अनुमति नहीं मिल रही थी। संयुक्त राष्ट्र वहाँ बम हमला करने वाला था, लेकिन हम वहाँ गये, इसके अलावा जब घोषणा हुई कि यह आख़िरी विमान सेवा है, इसके बाद विमान नहीं जायेगा। ऐसे में मैं और मेरा कैमरामैन उस विमान से उतर गये और बाद में हम काफ़ी मुश्किल उठाकर वापस लौट पाये, लेकिन हमने इन हालातों में भी क़रीब 5 दिन वहाँ रिपोर्टिंग की।

सुरक्षा के लिहाज़ से ख़तरनाक जगहों पर रिपोर्टिंग करते समय मैं यह ध्यान रखती हूँ कि वहाँ जाने से पहले उस स्थल के बारे में मुझे पूरी जानकारी हो और वहाँ पर किसी कारणवश फँस जाने की स्थिति में सुरक्षित निकालने के कई रास्तों के बारे में मुझे जानकारी होनी चाहिए। एक भारतीय पत्रकार की सबसे बड़ी कठिनाई होती है पाकिस्तान में जाकर रिपोर्टिंग करना, लेकिन जिस तरह से मेरी परवरिश की गयी है, मुझे कभी नहीं लगा कि जो काम पुरुष कर सकते हैं, वो काम कोई महिला नहीं कर सकती। यहाँ मैं यह कहना चाहती हूँ कि मुझे बचपन में माँ–बाप और शादी के बाद अपने पति का पूरा–पूरा सहयोग मिला। लेकिन कुछ महिला पत्रकार ऐसी भी हैं, जो मुझसे ज़्यादा बहादुर और क़ाबिल हैं, लेकिन उन्हें परिवार और अपनों का सहयोग नहीं मिलता। मैं ऐसी महिला पत्रकारों को सलाम करती हूँ।

मेरा मानना है कि पत्रकार को अपने ज्ञान को बढ़ाने के लिए हरदम कुछ नया पढ़ते रहना चाहिए। ख़बरों के साथ आपका लगातार सम्पर्क बना रहना चाहिए। एक पत्रकार की हर दिन तैयारी होती है, जो वो रोज़ पढ़ता है, इसके अलावा मुझे लगता है कि एक पत्रकार को तकनीकी ज्ञान भी होना चाहिए। इसको मैं आपको ऐसे समझाना चाहती हूँ कि अगर आप किसी युद्ध, बाढ़ या ऐसी जगह गये हैं जहाँ हालात पहले से ही खराब हैं और आपका कैमरा या लैपटॉप कुछ भी ख़राब हो जाता है। अगर आपको तकनीकी ज्ञान होगा, तो आप उसे ठीक करके तुरन्त अपनी ख़बर अपने संस्थान तक भेज पायेंगे, नहीं तो आपका काम अधूरा रह जायेगा। पत्रकार को अपने ज्ञान के साथ–साथ समय के साथ बदलती तकनीक का ज्ञान होना इसलिए बहुत ज़रूरी है। रिपोर्टिंग के दौरान दो या तीन मिनट में ही आपका मृत्यु से सामना हो सकता है। इसलिए आप जितने साजोसामान

के साथ रिपोर्टिंग करें उसका अच्छा ज्ञान भी आपको हो। अपने जीवन में हर पत्रकार को एक ऐसी भाषा ज़रूर सीखनी चाहिए, जिसके साथ वो पला–बढ़ा न हो। पत्रकार अपनी सुरक्षा का भी ध्यान रखें उन्हें प्राथमिक चिकित्सा का ज्ञान भी होना चाहिए। ऐसा एक वाक़या मुझे याद आ रहा है, जब मेरे एक पत्रकार साथी छत्तीसगढ़ गये थे, वहाँ उन्हें किसी तरह का इंफेक्शन हो गया, वो जब दिल्ली आये तब तक इंफेक्शन इतना फैल चुका था कि उनकी मौत हो गयी।

मैं रोज़ सुबह उठकर बहुत ख़ुश होती हूँ कि मैंने अपने जीवन को अब तक अच्छे से जिया। और काम की जो भी चुनौती मेरे सामने आयेगी, उसका मैं हँसकर सामना करूँगी। एक पत्रकार के रूप में मेरा मानना है कि आपको ख़ुशी किसी बड़े साक्षात्कार से नहीं होती, बल्कि मुझे लगता है कि कभी आप रिपोर्टिंग के लिए जाओ और आपको लगे कि आपने जो काम किया है, उससे समाज में कोई बदलाव आया है। 'सुनामी' के वक़्त हम वहाँ जब रिपोर्टिंग के लिए गये, तो ऐसे परिवारों से मुलाक़ात हुई, जिनके परिवार के सदस्य बिछड़ गये थे, ऐसी परिस्थिति में हम दिन भर काम करने के बाद शाम को अलग–अलग शिविरों में जाकर उनके विषय में पता लगाने की कोशिश करते थे। ऐसे ही एक परिवार की हमने मदद की जिनकी बच्ची उनसे बिछड़ गयी थी, कई दिन की मेहनत के बाद जब वह बच्ची मिली, तो न केवल उसके परिवारवालों को बल्कि हमें भी बेहद ख़ुशी हुई।

टीवी पत्रकार से एक अख़बार में काम करने के अपने अनुभव पर सुहासिनी जी ने बताया कि मेरी शुरू से ही लिखने में बहुत रुचि रही है। साथ ही, मैं यह भी कहना चाहूँगी कि रिपोर्टिंग में बीस–पच्चीस साल काम करने के बाद अब उम्र का ढलाव था और मैं महसूस कर रही थी कि मैं अब पहले की तरह फुर्ती से रिपोर्टिंग नहीं कर पा रही हूँ। थोड़ा उम्र, थोड़ा रिपोर्टिंग के दौरान जो मुझे चोट लगी थी, कैमरा लेकर जाना और भाग–भाग कर रिपोर्टिंग करना मुझे इसमें कठिनाई हो रही थी। साथ ही मुझे लगता है कि दोनों का अपना–अपना अनुभव है और एक पत्रकार को पत्रकारिता की सभी विधाओं में काम करना चाहिए। प्रिंट मीडिया में भी मैं अपने काम को लेकर बहुत ख़ुश हूँ।

पत्रकारिता में विदेश संवाददाता के तौर पर इतने साल काम करने के बाद मेरा लोगों से अनुरोध है कि जैसे एक स्वस्थ समाज के लिए

पड़ोसी के साथ सम्बन्ध अच्छे होने चाहिए, वैसे ही एक स्वस्थ विश्व के लिए हमें अपने पड़ोसी देशों के साथ सम्बन्ध मज़बूत बनाने चाहिए। मेरी इस बात को आप ऐसे समझ सकते हैं जैसे कि अमेरिका या किसी अन्य बड़े देश की ख़बर या वहाँ जाना हम बड़ी बात मानते हैं, लेकिन मेरा कहना है कि भारत के पड़ोसी देशों जैसे नेपाल, बांग्लादेश, भूटान, म्यांमार, श्रीलंका, मालदीव और पाकिस्तान से हमारे सम्बन्ध अच्छे होने चाहिए और हमें खुद अपने परिवार के साथ अगर कभी विदेश जाना हो तो इन पड़ोसी देशों को प्राथमिकता देनी चाहिए।

स्वाति चतुर्वेदी

"निष्पक्षता है पत्रकारिता का मूल मन्त्र", यह कहना है वरिष्ठ पत्रकार स्वाति चतुर्वेदी का। पत्रकारिता को मिशन मानने वाली स्वाति जी का कहना है कि मैं बचपन से ही पत्रकार बनना चाहती थी। मेरे माता–पिता सरकारी अधिकारी थे, इसलिए घर में हमेशा से पढ़ाई का माहौल था। दिल्ली में रहने और दिल्ली विश्वविद्यालय के मिरांडा हाउस से इतिहास ऑनर्स में पढ़ाई करने के कारण मैंने कभी स्त्री–पुरुष में भेदभाव का सामना नहीं किया, लेकिन यहाँ मैं यह बताना चाहती हूँ कि हर कोई इतना सौभाग्यशाली नहीं होता। मेरे चाचा तथा परिवार के अन्य सदस्य उत्तर प्रदेश के लखनऊ में रहते थे, अपने सम्बन्धियों में मैंने देखा कि किस तरह लड़का–लड़की में भेदभाव किया जाता था, जिसे देखकर मुझे बहुत ख़राब लगता था और मैं हमेशा इसका विरोध भी करती थी।

मेरा मानना है कि कोई भी बच्चा कच्ची मिट्टी की तरह होता है, उसे उसका परिवार, स्कूल और कॉलेज अच्छे संस्कारों और ज्ञान से योग्य बनाता है। इस विषय में मैं बहुत सौभाग्यशाली रही कि अपने पत्रकार के दायित्व को मैं निष्पक्षता के साथ आज तक कर पा रही हूँ, इसका श्रेय इन सबको जाता है। मैंने खोजी पत्रकारिता, राजनीतिक पत्रकारिता और हर मुश्किल से मुश्किल स्टोरी पर काम किया है, यह सब इसलिए सम्भव हो पाया कि मैंने कभी ये नहीं सोचा कि जो काम पुरुष कर सकते हैं, वह मैं नहीं कर सकती।

आज से क़रीब सत्रह या अठारह साल पहले मैंने अंग्रेज़ी के प्रतिष्ठित अख़बार 'द स्टेट्समैन' मैं 'ट्रेनी रिपोर्टर' के पद से पत्रकारिता की शुरुआत की। इस अख़बार के सौ साल के इतिहास में मैं पहली महिला पत्रकार बनी जिसे पहली महिला वरिष्ठ रिपोर्टर होने का गौरव प्राप्त हुआ।

इसी अख़बार में वरिष्ठ रिपोर्टर के तौर पर क्राइम बीट पर काम करते हुए मुझे पत्रकारिता के अपने शुरुआती दिनों में ही नैना साहनी तन्दूर हत्याकाण्ड जैसी आपराधिक घटना को कवर करने का मौक़ा मिला। दिल्ली युवक कांग्रेस के तत्कालीन अध्यक्ष और तत्कालीन विधायक सुशील शर्मा ने नैना के अन्य प्रेम सम्बन्ध होने के शक में उसकी हत्या कर दी थी। घटनास्थल पर जब मैं स्टोरी कवर कर रही थी, तो पता चला कि नैना साहनी के पार्थिव शरीर का दोबारा पोस्टमॉर्टम होगा। रात का समय था और इसे कवर करने के लिए मैं और मेरा फ़ोटोग्राफ़र दिल्ली के सरकारी पोस्टमॉर्टम घर गये। सभी जानते हैं कि पोस्टमॉर्टम घर कितने भयानक होते हैं, वहाँ कितनी बदबू आती है, लेकिन हमें उस स्थान की फ़ोटोग्राफ़ चाहिए थी और पाठकों तक स्टोरी की सच्चाई पहुँचानी थी। इस आपराधिक घटना को करते हुए मुझे यह एहसास हुआ कि समाज में महिलाओं को किस दृष्टि से देखा जाता है और एक राजनीतिक प्रभाव वाला व्यक्ति कैसे इतने घिनौने अपराध को अंजाम देता है।

'द स्टेट्समैन' में काम करते हुए ही मैंने बाबरी मस्जिद विध्वंस मामले पर भी स्टोरी की और पाया कि इस दर्दनाक घटना से पूरे देश में ख़ौफ़ का माहौल था। साथ ही यह सोचकर सिहर जाती हूँ कि जो पत्रकार उस समय वहाँ उपस्थित थे उन्होंने वहाँ कैसा अनुभव किया होगा? ख़ैर, जब मैं इस घटना के विषय में जानने दिल्ली के जामा मस्जिद में गयी, तो देखा कि लोग कितना डरे हुए थे।

नेशनलिस्ट सोशलिस्ट काउंसिल ऑफ़ नागालैंड के महासचिव थुइंगालेंग मुइवा का मैंने ज़ी न्यूज़ के लिए साक्षात्कार किया था। यह संगठन हमेशा अलग नागालैंड की माँग करता रहता है। देश की आज़ादी के बाद से आज तक कई सरकारों के साथ इनकी वार्ता विफल

हो चुकी है। मुझे याद है कि कैसे मुइवा चौबीस मशीनगन सुरक्षाकर्मियों से लैस मुझे साक्षात्कार दे रहे थे और उन्होंने मुझे कहा कि मैं उन्हें नागालैंड का प्रधानमन्त्री कहकर सम्बोधित करूँ, ऐसे में जबकि मैं एक संवेदनशील स्थल पर थी, जहाँ पलक झपकते ही कुछ भी हो सकता था, मैंने उनका कहा मानने से इनकार कर दिया। यहाँ मेरा यह कहना है कि एक पत्रकार को हमेशा निष्पक्ष और निर्भीक होना चाहिए, किसी का पक्षधर नहीं।

स्वाति जी का कहना है कि पत्रकारिता लोकतन्त्र का सबसे मज़बूत स्तम्भ है, जिसका काम जनता तक सही ख़बरें पहुँचाना और सरकार की ग़लत नीतियों पर कड़े सवाल करना है, ताकि सरकार भूल से भी जनकल्याण को अनदेखा न कर सके। मुझे दुख होता है कि आज की पत्रकारिता केवल दिखावे की पत्रकारिता बनकर रह गयी है, जहाँ पत्रकार निष्पक्ष कम किसी के भक्त ज़्यादा लगते हैं। अपने पत्रकारिता के सफ़र में मैंने पूर्व प्रधानमन्त्री मनमोहन सिंह के साथ कई बार यात्राएँ की हैं। उनका व्यक्तित्व एक बहुत ही सरल और ज्ञानी नेता के रूप में सामने आया है, जो अपने साथ जाने वाले पत्रकारों का भी बहुत ख़याल रखते थे। मुझे याद है कि एक बार उनके साथ किसी देश की यात्रा पर पत्रकारों का एक दल जा रहा था और सभी ने मिलकर प्रधानमन्त्री का जन्मदिन मनाने का फ़ैसला किया। एक प्रधानमन्त्री होते हुए भी उन्होंने हवाई जहाज़ में सभी पत्रकारों के साथ मिलकर अपना जन्मदिन मनाया।

वहीं पूर्व प्रधानमन्त्री अटल बिहारी वाजपेयी के साथ कई मुलाक़ातों में मैंने जाना कि वो एक कवि हृदय इन्सान हैं, जो अपनी सहजता और अपनेपन से सबको अपना बना लेते थे।

प्रधानमन्त्री जैसे गरिमामय पद पर होने के बावजूद एक साधारण व्यक्ति की तरह आचरण और सबको आदर–सत्कार देना अटल जी की ख़ासियत थी। व्यक्तिगत तौर पर कहूँ तो आज उनके जैसा नेता मिल पाना बहुत ही कठिन है।

ज़ी न्यूज़ के लिए काम करते हुए राजनेताओं से साक्षात्कार कार्यक्रम 'कहिए जनाब' में मुझे गुजरात के मुख्यमन्त्री के तौर पर नरेन्द्र मोदी का

साक्षात्कार करने का मौक़ा मिला। यहाँ मैं एक बात ज़रूर कहना चाहूँगी कि वे एक बहुत अच्छे वक्ता हैं और मेरे हर सवाल का उन्होंने बड़ी ही बेबाक़ी से जवाब दिया।

स्वाति जी बताती है कि साल 1997 में कांग्रेस के समर्थन से इन्द्र कुमार गुजराल की यूनाइटेड फ्रंट सरकार किसी तरह चल रही थी। तभी मिलाप चन्द जैन आयोग की अन्तरिम रिपोर्ट ने हलचल मचा दी। इस कमीशन की रिपोर्ट को मैंने जनता के बीच पहले ही पेश कर दिया था उस समय मैं 'इंडियन एक्सप्रेस' में विशेष जाँच दल की, विशेष संवाददाता के तौर पर काम कर रही थी। इस रिपोर्ट में डीएमके के तमिल संगठन एलटीटीई की मदद करने का संकेत दिया गया था। वही संगठन जिसने राजीव गाँधी की हत्या की ज़िम्मेदारी ली थी। बस फिर क्या था अख़बार में ख़बर आने के बाद गुजराल की सरकार गिर गयी। इसके बाद देश में चुनाव हुए तो बीजेपी नेता अटल बिहारी वाजपेयी की अगुवाई में एनडीए की सरकार बन गयी।

टेलीविज़न पत्रकारिता और अख़बार में क्या अन्तर है, इस पर उनका कहना है कि टेलीविज़न पत्रकारिता में जब आप हिन्दी में किसी का साक्षात्कार करते हैं, तो वो पलक झपकते ही लाखों लोगों तक पहुँचता है और आपको पहचान मिलती है। वहीं अख़बार की पहुँच थोड़ी सीमित हो जाती है। रिपोर्टिंग करना किसी के लिए भी आसान काम नहीं है चाहे वह महिला हो या कोई पुरुष। आपको 45 डिग्री सेल्सियस के तापमान पर घण्टों खड़े रहकर रिपोर्टिंग करनी होती है और कई बार आप काम करते समय किसी हादसे का शिकार भी हो सकते हैं। साथ ही मैं यहाँ यह भी कहना चाहती हूँ कि अगर किसी भी क्षेत्र में आपको आगे बढ़ना है तो महिला–पुरुष का भेद मिटाना होगा। जब आप बराबरी की बात करते हैं तो आपका यह दायित्व भी बनता है कि काम में भी अपना बेचारापन न दिखायें, क्योंकि यह सम्भव नहीं हो सकता कि अधिकार आपको सबके बराबर मिलें और दायित्व आप महिला–महिला चिल्लाकर नहीं निभायेंगी।

स्वाति जी उन चुनिन्दा पत्रकारों में से एक हैं जिन्होंने पत्रकारिता की हर विधा में काम किया है। वे अब तक 'द स्टेट्समैन', 'इंडियन एक्सप्रेस',

'हिन्दुस्तान टाइम्स', 'द ट्रिब्यून', 'एनडीटीवी. कॉम' में काम कर चुकी हैं। इसके अलावा वे दो किताबों की लेखिका भी हैं, उनकी पहली किताब 'आई एम ए ट्रोल : इनसाइड द सीक्रेट वर्ल्ड ऑफ़ द बीजेपी'ज़ डिजिटल आर्मी' और दूसरी किताब है 'डैडी'ज़ गर्ल' जो हत्या के रहस्य पर आधारित उपन्यास है।

❑❑